S. Balamurugan

Princípios de Inteligência Artificial para a Segurança da Informação

S. Balamurugan

Princípios de Inteligência Artificial para a Segurança da Informação

ScienciaScripts

Imprint

Any brand names and product names mentioned in this book are subject to trademark, brand or patent protection and are trademarks or registered trademarks of their respective holders. The use of brand names, product names, common names, trade names, product descriptions etc. even without a particular marking in this work is in no way to be construed to mean that such names may be regarded as unrestricted in respect of trademark and brand protection legislation and could thus be used by anyone.

Cover image: www.ingimage.com

This book is a translation from the original published under ISBN 978-620-2-31363-6.

Publisher:
Sciencia Scripts
is a trademark of
Dodo Books Indian Ocean Ltd. and OmniScriptum S.R.L publishing group

120 High Road, East Finchley, London, N2 9ED, United Kingdom
Str. Armeneasca 28/1, office 1, Chisinau MD-2012, Republic of Moldova, Europe
Printed at: see last page
ISBN: 978-620-7-97707-9

SOBRE O LIVRO
Este livro é um guia ideal para B.E.. B.Tech., B.S., B.Sc, B.C.A., estudantes de ciências e engenharia informática, tecnologia da informação, eletrónica e engenharia de comunicações que desejem realizar projectos sobre aplicações de computação em nuvem e inteligência artificial na indústria financeira. Os estudantes que frequentam programas de pós-graduação em Ciências e Engenharia, M.E., M.Tech., M.S., M.Sc. e M.C.A. considerarão este livro útil para os seus projectos. Os investigadores que trabalham no domínio da engenharia de software considerarão este livro uma referência útil para os seus projectos de investigação de mestrado, doutoramento, doutoramento e outros projectos de investigação de pós-doutoramento. Os engenheiros de software que trabalham na indústria de TI e ITES, especialmente no domínio da inteligência artificial, considerarão este livro um recurso útil. Em conclusão, creio que o leitor encontrará neste livro um guia verdadeiramente útil e uma valiosa fonte de informação sobre os vários princípios e estratégias da inteligência artificial e da segurança da informação no sector bancário e financeiro.

Dr. S. Balamurugan

AGRADECIMENTOS

O autor está sempre grato a Deus pela sua perseverança.

O Dr. Balamurugan gostaria de agradecer ao seu pai, Sr. M. Shanmugam, e à sua mãe, Sra. Sarojini, e aos membros da família pelo seu apoio. Gostaria de agradecer à sua esposa e melhor amiga, a Sra. S. Charanyaa, por lhe ter dado uma nova esperança e o ter apoiado em todos os seus esforços. Toda a sua gratidão vai para a sua mulher, que o acompanhou em todos os altos e baixos, bons e maus momentos, e agora na jornada de escrever este livro. Agradece às suas irmãs, a Sra. S. Amudha e a sua família, e a Dra. S. Geetha e a sua família pelo seu apoio. Agradece também ao seu sogro, Sr. K.S.Subramaniam, e à sua sogra, Sra. S.Varalakshmi, pelo seu apoio. Os seus agradecimentos especiais vão para o seu cunhado, Sr. S. Vivek e a sua família, por o terem sempre motivado para o sucesso.

O Dr. Balamurugan gostaria de agradecer ao seu melhor amigo, o Sr. S. Sathish Kumar, fundador e Diretor Executivo da Mindnotix Technologies, Coimbatore, Índia, pelo seu apoio moral incondicional, pelos valiosos conhecimentos que forneceu e pela disponibilização de instalações e bancos de ensaio em tempo real para observar os aspectos práticos da modelação de objectos. Gostaria também de agradecer à equipa de gestão da Mindnotix Technologies, Coimbatore, Índia, pelo seu apoio.

O Dr. Balamurugan gostaria de agradecer à sua mulher e melhor amiga, a Sra. S. Charanyaa, e ao seu filho, o Mestre B. Surya, que considera a melhor parte da sua vida, pela sua paciência quando passava a maior parte do tempo a trabalhar nos livros.

CAPÍTULO 1 INTRODUÇÃO

OBJECTIVO DO PROJECTO

As pessoas apreciam a comodidade dos serviços em linha, mas os ambientes em linha podem acarretar muitos riscos. As palavras-passe são utilizadas para proteger os dados das contas dos utilizadores contra o roubo por pessoas não autorizadas. O sistema propõe um conceito de palavra-passe virtual que requer uma pequena quantidade de poder de computação humana para proteger as palavras-passe dos utilizadores em ambientes em linha.

Os utilizadores com contas importantes na Internet estão expostos a muitos tipos de ataques, por exemplo, a identificação do utilizador e a palavra-passe podem ser roubadas e utilizadas indevidamente. O protocolo seguro SSL/TLS para a transmissão de dados privados através da Internet é bem conhecido na investigação académica, mas a maioria dos sítios Web comerciais actuais ainda se baseia no mecanismo de proteção relativamente fraco da autenticação do utilizador através de uma palavra-passe em texto simples e da identificação do utilizador. Embora uma palavra-passe possa ser transmitida através de um canal seguro, esta abordagem de autenticação continua a ser vulnerável a ataques.

- Phishing: Os phishers tentam obter de forma fraudulenta informações sensíveis, como palavras-passe e detalhes de cartões de crédito, fazendo-se passar por uma pessoa ou organização de confiança numa comunicação eletrónica. Por exemplo, um phisher pode criar um sítio Web falso e depois enviar alguns e-mails a potenciais vítimas para as persuadir a visitar o sítio Web falso. Desta forma, o phisher pode facilmente obter o texto claro da palavra-passe da vítima. Os ataques de phishing provaram ser muito eficazes.

- Trojan de roubo de palavra-passe: Este é um programa que contém ou instala código malicioso. Existem muitos códigos Trojan deste tipo que se encontram atualmente online, por isso vamos apresentar brevemente apenas dois tipos. Os programas de registo de teclas registam as teclas premidas e armazenam-nas algures no computador ou enviam-nas de volta para o adversário. Quando um programa de registo de teclas é ativado, fornece ao atacante todas as linhas de texto que uma pessoa introduz online, comprometendo dados pessoais e informações de contas online. O Trojan Redirector foi concebido para redirecionar o tráfego de rede do utilizador final para um local onde não se destina. Isto inclui software criminoso que modifica ficheiros hosts e outras informações específicas de DNS, objectos auxiliares de browser criminosos que redireccionam os utilizadores para sítios Web fraudulentos e software criminoso que pode instalar um controlador ou filtro ao nível da rede para redirecionar os utilizadores para sítios Web fraudulentos.

- Navegação pelo ombro: O "shoulder surfing" é um método bem conhecido de roubar palavras-passe e outras informações pessoais sensíveis, olhando por cima do ombro da vítima quando esta está sentada em frente a um terminal. É mais provável que este ataque ocorra em ambientes públicos inseguros e com muita gente, como um cibercafé, um centro comercial, um aeroporto, etc. [16, 20]. Um atacante pode utilizar uma câmara oculta para gravar todas as teclas premidas por um utilizador. O vídeo das acções do utilizador no teclado pode ser posteriormente examinado para descobrir a palavra-passe e a identificação do utilizador.

VISÃO GERAL DO PROJECTO

Uma palavra-passe virtual é uma palavra-passe que não pode ser utilizada diretamente, mas que gera uma palavra-passe dinâmica que é apresentada ao servidor para autenticação. O projeto trata de dois acessos de segurança.

* Acesso de baixa segurança
* Acesso de alta segurança

Acesso de baixa segurança

O acesso de baixa segurança é realizado através da utilização de um nome de utilizador e de uma palavra-passe. Uma conta de utilizador permite que um utilizador se autentique nos serviços do sistema e obtenha autorização de acesso; no entanto, a autenticação não implica autorização. Para iniciar sessão numa conta, um utilizador deve normalmente autenticar-se com uma palavra-passe ou outras credenciais para efeitos de faturação, segurança, registo e gestão de recursos.

Depois de o utilizador ter iniciado sessão, o sistema operativo utiliza frequentemente um identificador, como um número inteiro, para se referir a ele, em vez do seu nome de utilizador, o que é conhecido como correlação de identidade. Nos sistemas Unix, o nome de utilizador é correlacionado com um identificador de utilizador ou ID de utilizador.

Os sistemas informáticos são classificados em dois grupos, consoante o tipo de utilizadores que têm:

* Nos sistemas de utilizador único, não existe o conceito de contas de utilizador múltiplas.

* Os sistemas multiutilizadores têm esse conceito e exigem que os utilizadores se identifiquem antes de utilizarem o sistema.

Acesso de alta segurança

O procedimento de alta segurança é garantido pela utilização de uma palavra-passe virtual. A palavra-passe virtual é utilizada para aceder à conta bancária do produto. A palavra-passe virtual é gerada da seguinte forma.

* O utilizador regista os seus dados.
* O utilizador regista os seus campos de senha virtual.
* O ID secreto é enviado para o ID de correio eletrónico dos utilizadores registados.
* O utilizador inicia sessão com este ID secreto.

ATAQUES À SEGURANÇA

Um método útil para classificar os ataques à segurança, que é utilizado tanto no X.800 como no RFC 2828, é a distinção entre **ataques passivos** e **activos.** Um ataque passivo tenta obter ou utilizar informações do sistema sem afetar os recursos do sistema. Um ataque ativo tenta alterar os recursos do sistema ou influenciar o seu funcionamento.

Ataques passivos

Ataques activos

Ataque passivo

O objetivo do adversário é obter informações que estão a ser transmitidas. Dois tipos de ataques passivos são a divulgação do conteúdo das mensagens e a análise do tráfego.

1.1 Libertação do conteúdo da mensagem
Análise do tráfego
A **divulgação do conteúdo das mensagens** é fácil de compreender: Uma chamada
telefónica, uma mensagem de correio eletrónico e uma

O ficheiro transmitido pode conter informações sensíveis ou confidenciais. Queremos
evitar que um adversário conheça o conteúdo destas transmissões.

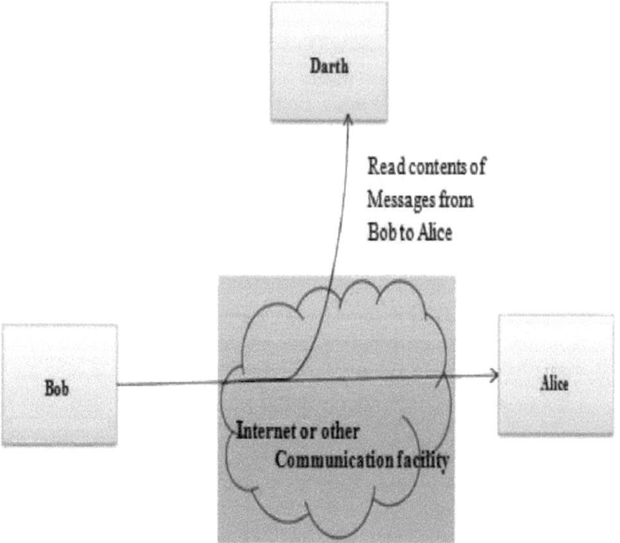

Figura 1.3.1.1 Libertação de mensagens

Um segundo tipo de ataque passivo, **a análise de tráfego**, é mais subtil.
Suponhamos que tínhamos uma forma de disfarçar o conteúdo das mensagens ou outro
tráfego de informação, de modo a que, mesmo que os adversários interceptassem a
mensagem, não pudessem extrair a informação da mensagem. A técnica comum para
mascarar o conteúdo é a encriptação. Se tivéssemos proteção de encriptação, um
adversário poderia ainda assim observar o padrão destas mensagens. O adversário
poderia determinar a localização e a identidade dos anfitriões que comunicam e observar
a frequência e a duração das mensagens trocadas. Esta informação pode ser útil para
adivinhar o tipo de comunicação que está a ocorrer.

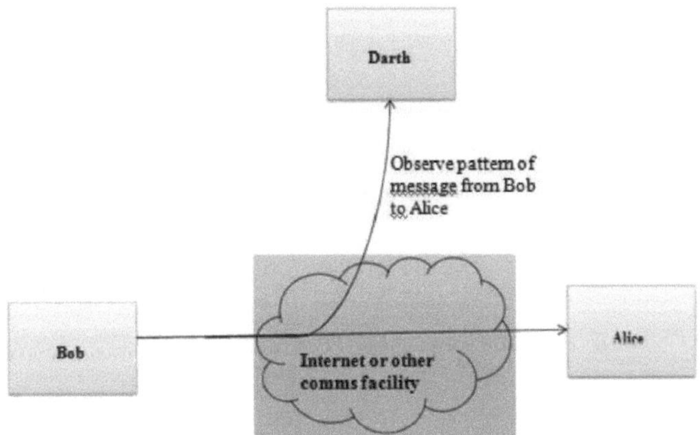

Figura 1.3.1.2 Análise do tráfego

Os ataques passivos são muito difíceis de detetar, uma vez que não envolvem qualquer modificação dos dados. Normalmente, o tráfego de mensagens é enviado e recebido de forma aparentemente normal, e nem o remetente nem o destinatário têm conhecimento de que um terceiro leu as mensagens ou observou o padrão de tráfego. No entanto, é possível evitar que estes ataques sejam bem sucedidos, normalmente com a ajuda da encriptação. Por conseguinte, a ênfase no combate aos ataques passivos é colocada na prevenção e não na deteção.

Ataques activos

Os ataques activos implicam a modificação dos dados
Corrente ou a criação de uma corrente falsa e pode ser dividida em quatro categorias:
Mascarada
Repetir
Modificação de mensagens
Negação de serviço

Uma **mascarada** ocorre quando uma unidade se faz passar por outra unidade. Um ataque de mascaramento envolve normalmente uma das outras formas de ataque ativo. Por exemplo, as sequências de autenticação podem ser interceptadas e reproduzidas após uma sequência de autenticação válida, de modo a que uma entidade autorizada com poucos privilégios possa obter privilégios adicionais fazendo-se passar por uma entidade que tem esses privilégios.

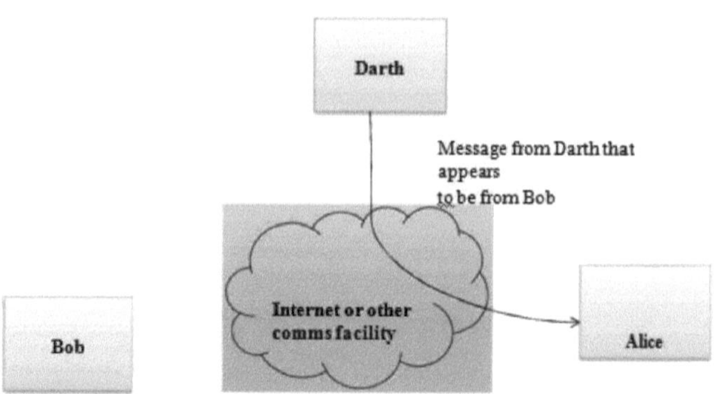

Figura: 1.3.2.1 Masquerade

Durante a **repetição**, uma unidade de dados é interceptada passivamente e depois retransmitida para obter um efeito não autorizado.

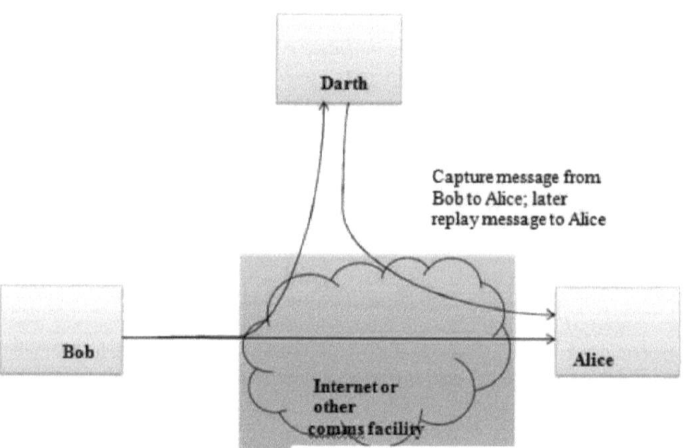

Figura: 1.3.2.2 Repetição

A modificação de uma mensagem significa simplesmente que parte de uma mensagem legítima é alterada, ou que as mensagens são atrasadas ou reorganizadas para obter um efeito não autorizado. Por exemplo, uma mensagem que significa "Permitir a John Smith ler contas de ficheiros sensíveis" é alterada para "Permitir a Fred Brown ler contas de ficheiros sensíveis".

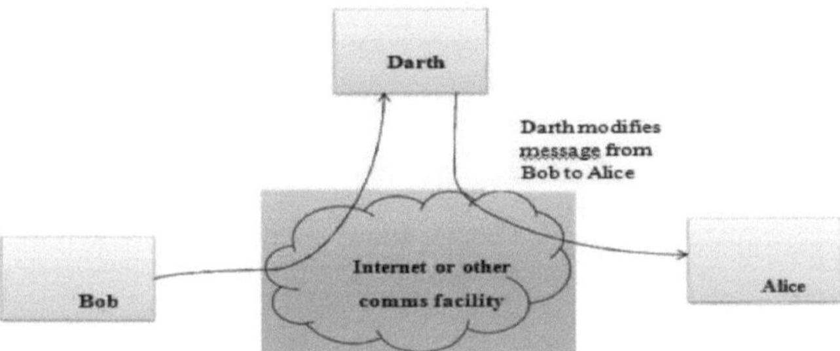

Figura 1.3.2.3 Modificação de mensagens

A negação de serviço impede ou dificulta a utilização ou a gestão normal dos meios de comunicação. Este ataque pode ter um alvo específico; por exemplo, uma instalação pode suprimir todas as mensagens dirigidas a um alvo específico (por exemplo, o serviço de rastreio de segurança). Outra forma de negação de serviço é a perturbação de uma rede inteira, quer desligando a rede, quer sobrecarregando-a com mensagens de modo a prejudicar o desempenho.

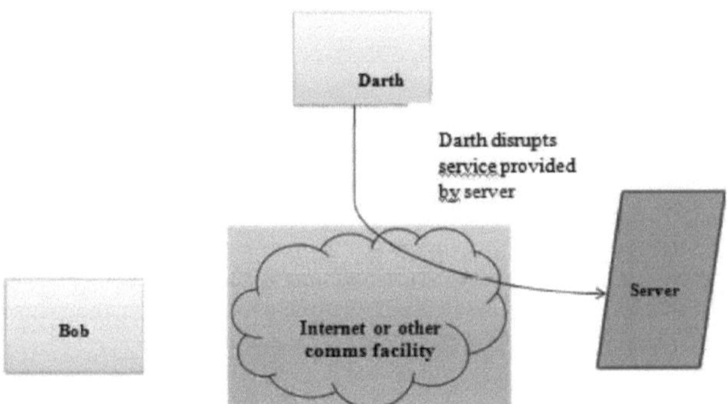

Figura: 1.3.2.4 Negação de serviço

Os ataques activos têm as caraterísticas opostas aos ataques passivos. Embora os ataques passivos sejam difíceis de reconhecer, existem medidas para os impedir de serem bem sucedidos. Por outro lado, devido à grande variedade de potenciais vulnerabilidades no software e na rede, é muito difícil impedir completamente os ataques activos. Em vez disso, o objetivo é detetar os ataques activos e recuperar das perturbações ou atrasos que causam. Se a deteção tiver um efeito, pode também contribuir para a prevenção.

CAPÍTULO 2 PALAVRAS-PASSE VIRTUAIS

Palavras-passe virtuais diferenciadas, pequenas funções secretas

e

Cadernos de códigos para proteger os utilizadores contra o roubo de palavras-passe

Yang Xiao, Chung-Chih Li, Ming Lei e Susan V.

Vrbsky, IEEE Systems Journal, 2012

Este documento evita que as palavras-passe dos utilizadores sejam roubadas por atacantes em ambientes em linha e caixas multibanco. São propostos mecanismos diferenciados para as palavras-passe virtuais, em que o utilizador tem a liberdade de escolher um esquema de palavra-passe virtual que vai da segurança fraca à segurança forte, em que uma palavra-passe virtual requer uma pequena quantidade de computação humana para proteger as palavras-passe dos utilizadores. A contrapartida é que quanto mais forte for o esquema, mais complexo pode ser. Entre os esquemas, há um método padrão (ou seja, o esquema de senha tradicional), funções recomendadas pelo sistema, funções específicas do utilizador, programas específicos do utilizador, etc. Uma função ou programa é utilizado para implementar o conceito de palavra-passe virtual com um compromisso entre segurança e complexidade que exige pouco esforço computacional humano. Além disso, são propostas várias funções para servirem de funções recomendadas pelo sistema e é efectuada uma análise de segurança. Para funções específicas do utilizador, são utilizadas pequenas funções secretas, em que a segurança é aumentada através da ocultação de funções/algoritmos secretos.

A função ou programa é utilizado para implementar o conceito de palavra-passe virtual, encontrando um compromisso entre segurança e complexidade e exigindo apenas uma pequena quantidade de computação humana. Também propusemos várias funções que servem como caraterísticas recomendadas do sistema e efectuámos uma análise de segurança. Analisámos como os sistemas propostos se defendem contra phishing, key-logger, shoulder-surfing e ataques múltiplos, mas demoram mais tempo. Numa aplicação deste tipo, o utilizador só precisa de introduzir os números aleatórios fornecidos pelo sistema, após o que a palavra-passe virtual é automaticamente calculada para o utilizador.

Utilizador.

Ataques de spam: o P2P como salvador em tempos de necessidade

Ernesto Damiani, Andrea Tironi, Luca Zaniboni, Conferência Internacional sobre a World Wide Web, 2004

Este documento propõe uma abordagem descentralizada da filtragem do spam que protege a privacidade. A solução utiliza resumos robustos para identificar mensagens ligeiramente diferentes umas das outras e uma arquitetura ponto-a-ponto entre servidores de correio para partilhar conhecimentos sobre spam. O documento apresenta uma solução que utiliza o potencial do P2P para dar um primeiro passo no sentido de um sistema de correio eletrónico sem spam. Este sistema constituiria uma melhoria significativa da atual infraestrutura da Internet, como testemunham os utilizadores de longa data da Internet que recordam a experiência de correio eletrónico de há alguns anos atrás, que agora se perdeu para a grande maioria dos utilizadores.

Autenticação de palavra-passe mais forte com extensões de browser

Blake Ross, Collin Jackson, Nick Miyake, Simpósio de Segurança USENIX, 2005

Este documento descreve uma extensão do navegador, PwdHash, que gera de forma transparente uma palavra-passe diferente para cada sítio Web, melhorando a segurança das palavras-passe da Web e reforçando as defesas contra o phishing de palavras-passe e outros ataques. Uma vez que a extensão do navegador aplica uma função de hash criptográfica a uma combinação da palavra-passe em texto simples introduzida pelo utilizador, dos dados associados ao sítio Web e de um sal privado armazenado na máquina do cliente, o roubo da palavra-passe obtida num sítio Web não resultará numa palavra-passe que seja útil noutro sítio Web. Embora o método *não* exija quaisquer alterações no lado do servidor, a implementação segura e transparente deste método de palavra-passe numa extensão do navegador Web revela-se bastante difícil. O PwdHash foi desenvolvido para melhorar a autenticação de palavras-passe na Web com alterações mínimas na experiência do utilizador e sem alterações nas configurações de servidor existentes. O documento apresenta uma solução que permite aos utilizadores introduzir as suas palavras-passe de forma segura na janela do browser, tal como fazem atualmente.

SISTEMA ACTUAL

Embora a banca pela Internet tenha muitas vantagens, nada está isento de desvantagens e tudo tem os seus prós e os seus contras; o mesmo acontece com a banca pela Internet. Também tem algumas desvantagens que devem ser consideradas. Os métodos de segurança disponíveis, como o pin/tan e a banca em linha baseada em assinaturas, podem ser facilmente decifrados por piratas informáticos engenhosos. Utilizamos a Internet no nosso quotidiano. Para além da leitura de notícias, da pesquisa de informações e de outras actividades em linha sem riscos, habituámo-nos também a outras actividades de risco, como o pagamento com cartões de crédito, a verificação/composição de mensagens de correio eletrónico, a banca em linha, etc. As transacções em linha envolvem sempre uma certa dose de risco. O método de início de sessão em linha mais comum é o método tradicional da palavra-passe, em que um utilizador tem de introduzir o seu nome de utilizador e a sua palavra-passe para entrar na sua conta. Este esquema tradicional tem sido utilizado há muito tempo e não oferece um elevado nível de segurança. A utilização de diferentes combinações na palavra-passe, ou seja, a inclusão de símbolos e caracteres diferentes, não é útil. Só pode atrasar a pirataria da conta durante um determinado período de tempo.

Em resultado da crescente preocupação com esses riscos, a proteção das palavras-passe dos utilizadores na Internet tornou-se cada vez mais importante.

Os utilizadores com contas importantes na Internet estão expostos a muitos tipos de ataques, por exemplo, um ID de utilizador e uma palavra-passe podem ser roubados e utilizados indevidamente. O protocolo seguro SSL/TLS para a transmissão de dados privados através da Internet é bem conhecido na investigação académica, mas a maioria dos sítios Web comerciais actuais ainda se baseia no mecanismo de proteção relativamente fraco da autenticação do utilizador através de uma palavra-passe em texto simples e da identificação do utilizador. O sistema existente envolve o poder de processamento humano, o que pode tornar o processo de início de sessão moroso. O sistema atual inclui diferentes tipos de sistemas que vão da segurança fraca à segurança elevada. A segurança média envolve um elevado poder de computação humana, em que o utilizador tem de calcular a palavra-passe com base nas equações selecionadas e, em seguida, introduzir a palavra-passe calculada como palavra-passe de início de sessão para aceder à sua conta. A segurança elevada envolve uma programação típica em C ou Java que tem de ser introduzida pelo utilizador para iniciar sessão no sistema. A opção de alta segurança é uma opção difícil para o utilizador médio em linha que apenas tem um conhecimento básico do funcionamento dos computadores e das coisas relacionadas com a Internet. Os actuais mecanismos de segurança em linha têm muitas desvantagens. A principal desvantagem do sistema existente é o processo demorado, que torna o processo um pouco entediante para os utilizadores em linha, e a outra desvantagem é que a alta segurança exige conhecimentos de programação que não podem ser esperados de um utilizador inexperiente.

DESVANTAGEM DO SISTEMA ACTUAL

- Não existe um acesso seguro ao sistema atual.

- A conta bancária na Internet é simples de abrir e fácil de utilizar.
- A segurança das transacções é uma questão importante. Os dados da sua conta podem ser pirateados por pessoas não autorizadas através da Internet.
- A segurança da palavra-passe é uma obrigação. Depois de receber a sua palavra-passe do Net Banking, altere-a e memorize-a. Caso contrário, a sua conta pode ser utilizada indevidamente por alguém que acidentalmente descubra a sua palavra-passe.

CARACTERÍSTICAS DO SISTEMA PROPOSTO

Uma palavra-passe virtual é utilizada para garantir a proteção de dados quando se acede a contas no Internet banking. A palavra-passe virtual é utilizada para aceder a contas de produtos. A palavra-passe virtual é gerada da seguinte forma: O utilizador regista os seus dados, o utilizador regista os seus campos de palavra-passe virtual, o ID secreto é enviado para o ID de e-mail do utilizador registado, o utilizador inicia sessão com este ID secreto.

VANTAGENS DO SISTEMA PROPOSTO

- Existe um acesso seguro ao sistema existente.
- Abrir uma conta bancária na Internet não é fácil.
- A segurança das transacções é uma questão importante. Os dados da sua conta não podem ser pirateados por pessoas não autorizadas através da Internet.

ESTUDO DE VIABILIDADE

Um estudo de viabilidade é uma análise da proposta de sistema em termos da sua exequibilidade, impacto na organização, capacidade de satisfazer as necessidades dos utilizadores e utilização eficaz dos recursos. O estudo de viabilidade deve satisfazer os seguintes factores

- Necessidades compreensíveis dos utilizadores
- Um problema que vale a pena resolver
- Método de resolução do problema.

VIABILIDADE ECONÓMICA:

A viabilidade económica é o método mais comummente utilizado para avaliar a eficácia de um sistema candidato. O procedimento consiste em determinar as poupanças e os benefícios do sistema em questão e em comparar os custos. Se os benefícios forem superiores aos custos, decide-se avançar com o projeto. Caso contrário, devem ser apresentadas justificações adicionais ou alterações ao sistema proposto para que este tenha hipóteses de ser aprovado. É um processo contínuo que melhora a precisão em cada fase do ciclo de vida de um sistema.

O estudo de viabilidade económica identifica os seguintes pontos:

- O sistema automatizado será dispendioso.

Uma vez instalado o sistema A manutenção exige também um certo investimento em dinheiro.

informatizado, este pode satisfazer as necessidades dos clientes e da empresa sem trabalho manual, o que é mais económico para a administração. Por conseguinte, o sistema automatizado é economicamente viável.

VIABILIDADE TÉCNICA:

A viabilidade técnica está no centro do sistema atual. Inclui considerações financeiras para permitir melhorias técnicas. Se o orçamento constituir uma limitação grave, o projeto é classificado como inviável. Tendo reconhecido as vantagens, os benefícios e a viabilidade económica do novo sistema, o utilizador está preparado para suportar os custos adicionais que podem ser incorridos para satisfazer todos os requisitos de hardware e software.

VIABILIDADE OPERACIONAL:

As pessoas são naturalmente resistentes à mudança, e os computadores são conhecidos por facilitarem a mudança. É do conhecimento geral que as instalações informáticas têm muito a ver com a manutenção da rotação dos trabalhadores e com a alteração do estatuto profissional. Por conseguinte, é compreensível que a implementação do sistema candidato exija esforços especiais para preparar e formar os empregados para uma nova forma de fazer negócios. No entanto, uma vez que a introdução de um novo sistema acaba por reduzir a carga de trabalho dos trabalhadores, estes não deverão opor-se à instalação de um sistema informático e terão naturalmente todo o gosto em cooperar.

As soluções mais importantes são

- Medição do valor do sistema a desenvolver em comparação com o sistema existente.

- O sistema evita qualquer insatisfação possível.

- A redução dos custos tem um impacto no desempenho do sistema.

- O sistema é igualmente bem recebido por todos os tipos de utilizadores.

VIABILIDADE DO COMPORTAMENTO:

A viabilidade comportamental diz respeito à forma como o software desenvolvido se comporta em diferentes cenários quando é utilizado. É também uma parte muito importante das várias fases do desenvolvimento de software.

Com base no sistema existente, o novo sistema é concebido de uma forma nova e bem planeada para resolver problemas de integração.

A conceção dos dados de entrada é a parte mais importante da conceção global do sistema, o que exige uma atenção muito cuidada. A recolha dos dados de entrada é frequentemente a parte mais dispendiosa do sistema. Podem ocorrer muitos erros nesta fase da conceção. Para estudar o sistema, os dados introduzidos pelo utilizador são rigorosamente validados antes de serem manipulados.

A saída do computador é a fonte de informação mais importante e direta para o utilizador. Uma conceção eficiente e compreensível dos resultados deve melhorar a relação entre o sistema e o utilizador e ajudar na tomada de decisões. O tipo de processos e procedimentos relacionados com o sistema foram classificados e produzem os resultados de saída.

A saída do sistema informático é necessária para informar o utilizador do resultado do processamento e para fornecer uma cópia permanente desses resultados para consulta posterior. Ao conceber a saída, foram tidos em conta o tipo de saída, o formato e a resposta em frequência.

REQUISITOS DE HARDWARE

Os processadores tornar-se-ão cada vez mais rápidos, mais pequenos e mais baratos, enquanto a memória se tornará cada vez mais rápida, maior e mais barata. A tendência é que um processador potente seja acompanhado de uma memória razoável.

Processador: Pentium IV

Processador: 1,7 GHz

velocidade

Memória:256 MB

(RAM)

Disco rígido:10 GB

Monitor: monitor a cores Samsung

Teclado : Teclado Intex de 104 teclas

Rato : Rato ótico da Intex

4   REQUISITOS DE SOFTWARE

Ao considerar um projeto de aplicação, os três requisitos básicos de software são a plataforma em que o projeto é desenvolvido, a ferramenta de front-end que permite a interação com os utilizadores e a ferramenta de back-end que armazena os dados.

Sistema operativo : Windows XP **Microsoft Visual Basic .Net**

Ferramenta de front-end : 2008

Ferramenta de back-end :MS SQL Server

CAPÍTULO 5 DESCRIÇÃO DO SOFTWARE DE SEGURANÇA

EXTREMIDADE DIANTEIRA

Visão geral do .Net Framework

O .NET Framework é um ambiente gerido e seguro em termos de tipo para o desenvolvimento e execução de aplicações. A estrutura gere todos os aspectos da execução do programa: atribui memória para armazenar dados e instruções, concede ou recusa à aplicação as autorizações correspondentes, inicia e gere a execução da aplicação e gere a reatribuição de memória para recursos que já não são necessários.

O .NET Framework é constituído por dois componentes principais: o tempo de execução da linguagem comum e a biblioteca de classes do .NET Framework.

' Tempo de execução da linguagem comum (CLR): -

O CLR é referido como o "motor de execução" do .NET. Fornece o ambiente em que os programas são executados. As funções mais importantes são

- Conversão de uma linguagem de baixo nível do tipo assembler, a chamada linguagem intermédia (IL), para um código que corresponde à plataforma em que é executado
- Gestão da memória, incluindo especialmente a recolha de lixo.
- Verificação e aplicação de restrições de segurança para o código em execução.
- Carregamento e execução de programas com controlo de versões e outras funções semelhantes.

O tempo de execução da linguagem partilhada pode ser visto como o ambiente que gere a execução do código. Fornece serviços centralizados, como a compilação de código, a atribuição de memória, a gestão de threads e a recolha de lixo. O Common Type System (CTS) impõe uma segurança de tipo rigorosa e garante que o código é executado num ambiente seguro, protegendo o acesso ao código. A biblioteca de classes do .NET Framework fornece uma coleção de tipos úteis e reutilizáveis, concebidos para integração no tempo de execução da linguagem comum. Os tipos fornecidos pelo .NET Framework são orientados para os objectos e totalmente extensíveis, permitindo aos utilizadores integrar facilmente aplicações com o .NET Framework.

" Linguagens e o .NET Framework

O .NET Framework foi concebido para ser compatível com várias linguagens. Em termos simples, isto significa que os componentes .NET podem interagir uns com os outros, independentemente da linguagem em que foram originalmente desenvolvidos - Microsoft C++ ou outra linguagem .NET. A interoperabilidade de linguagens estende-se à herança totalmente orientada para objectos.

O grau de compatibilidade entre linguagens é possível devido ao tempo de execução comum da linguagem. Quando uma aplicação .NET é compilada, será compilada pela linguagem em que foi escrita (Visual Basic .NET, qualquer outra linguagem).

NET) para Microsoft Intermediate Language (MSIL ou IL). Esta é uma linguagem de baixo nível que pode ser lida e compreendida pelo Common Language Run Time. Uma vez que todos os ficheiros .NET e DLL executáveis estão disponíveis como linguagem intermédia, podem interagir livremente entre si. A Especificação de Linguagem Comum define as normas mínimas que os compiladores de linguagem .NET devem cumprir, garantindo assim que qualquer código-fonte compilado por um compilador .NET pode interagir com o .NET Framework.

O CTS garante a compatibilidade de tipos entre componentes .NET. Como os aplicativos .NET são convertidos em IL antes da implantação e execução, todos os tipos de dados primitivos são representados como tipos .NET. Por exemplo, um número inteiro do Visual Basic é representado no código IL como System.Int32. Como ambas as linguagens utilizam um sistema de tipos comum e mutuamente convertível, é possível transferir dados entre componentes e evitar conversões demoradas ou erros difíceis de encontrar.

O Visual Studio .NET é fornecido com linguagens como o Visual Basic .NET e o Visual C++ com extensões geridas, bem como com a linguagem de scripting JScript. O utilizador também pode escrever código gerido para o .NET Framework noutras linguagens. Existem compiladores de terceiros para FORTRAN .NET, COBOL

NET, Perl .Net e uma variedade de outras linguagens. Todas estas linguagens têm a mesma compatibilidade e herdabilidade entre linguagens. Isto significa que o utilizador pode escrever código para o .NET Framework na linguagem da sua escolha, e este pode interagir com código escrito para o .NET Framework em qualquer outra linguagem.

" A estrutura de uma aplicação .NET

Para compreender como o Common Language Run Time gere a execução do código, o utilizador deve analisar a estrutura de uma aplicação .NET. A unidade mais importante de uma aplicação .NET é o *assembly*. Um assembly é uma coleção autodescritiva de código, recursos e metadados. O *manifesto do conjunto* contém informações sobre o que está contido no conjunto.

O manifesto da assembleia contém

- Informações de identificação, como o nome e o número da versão do módulo.

- Uma lista de todos os tipos expostos pelo módulo.

- Uma lista de outros conjuntos que são necessários para o conjunto.

- Uma lista de instruções de segurança para o acesso do código ao conjunto. Contém uma lista de autorizações que são necessárias para a montagem e autorizações que são negadas à montagem.

Um conjunto também contém um ou mais módulos. Um módulo contém o código que compõe a aplicação ou biblioteca, bem como metadados que descrevem esse código. Quando o utilizador compila um projeto para um conjunto, o código é convertido de código de alto nível para IL. Uma vez que todo o código gerido é primeiro convertido em código IL, as aplicações escritas em diferentes linguagens podem facilmente interagir umas com as outras. Por exemplo, um programador pode escrever uma aplicação em Visual Basic .NET. Ambos os recursos são convertidos em módulos IL antes da execução, evitando problemas de incompatibilidade de linguagem.

Cada módulo contém também um certo número de tipos. Os tipos são modelos que descrevem uma série de encapsulamentos de dados e funções. Existem dois tipos de tipos: Tipos de referência (classes) e tipos de valor (estruturas). Cada tipo é descrito para o tempo de execução da linguagem comum no manifesto do assembler. Um tipo pode conter campos, propriedades e métodos, cada um dos quais deve ser associado a uma funcionalidade comum. Por exemplo, o utilizador pode ter uma classe que representa uma conta bancária. Esta conteria campos, propriedades e métodos relacionados com as funções necessárias para implementar uma conta bancária. Um campo representa o armazenamento de um tipo específico de dados. O utilizador pode ter um campo que armazena o nome do titular de uma conta. As propriedades sao semelhantes aos campos, mas normalmente fornecem algum tipo de validação quando os dados são definidos ou recuperados.

Se for feita uma tentativa de alterar o valor, a propriedade pode verificar se a tentativa de alteração é superior a um limite pré-determinado e, em caso afirmativo, a alteração pode não ser permitida. Os métodos representam o comportamento, por exemplo, acções executadas nos dados armazenados na classe ou alterações na interface do utilizador. Para continuar com o exemplo da conta bancária, o utilizador pode ter um método de transferência que transfere um saldo de uma conta corrente para uma conta poupança, ou um método de aviso que alerta o utilizador quando o seu saldo desce abaixo de um determinado nível.

FRONT-END

*** VB.NET**

O Visual Basic .NET é um componente importante do Microsoft A .Net é uma estrutura na qual as aplicações Windows podem ser desenvolvidas e executadas. O .NET deve recuar no tempo e acompanhar o desenvolvimento do Windows e o surgimento da programação Windows.

A versão .NET do Visual Basic é uma versão nova e melhorada com mais funções e adições. Na sequência destas novas adições, o VB qualifica-se como uma linguagem orientada para objectos de pleno direito, como o C++.

O VB.NET é a versão sucessora do VB 6.0. O Microsoft .NET é uma nova estrutura de programação e de sistema operativo introduzida pela Microsoft. Todas as linguagens suportadas pelo .NET acedem a uma biblioteca .NET comum para desenvolver aplicações e utilizam ferramentas comuns para executar aplicações. A programação com Visual Basic em .NET é designada por VB.NET. O VB.NET, sucessor do VB 6.0, é uma linguagem melhorada, estável e totalmente orientada para objectos.

A VB 6.0 não era uma verdadeira linguagem orientada para objectos porque não suportava herança, sobrecarga e interfaces. O VB.NET suporta herança, sobrecarga e interfaces.

O multithreading e o tratamento de excepções eram duas áreas importantes do VB 6.0. No VB.NET, o utilizador pode desenvolver aplicações multithreaded, tal como em C++ e C#, e também suporta o tratamento estruturado de excepções.
Segue-se uma lista de funções VB.NET:-

- Linguagem de programação orientada para objectos.

- Suporte de herança, sobrecarga, interfaces,
membros comuns e projectistas.

- Suporta todas as funções CLS, tais como aceder e trabalhar com classes .NET, interagir com outras linguagens .NET, suportar metadados, tipos de dados comuns e delegados.

- Suporte para multithreading.

- Tratamento estruturado de excepções.

ADO.NET

O ADO.NET é um conjunto de classes que fornecem serviços de acesso a dados ao programador .NET. O ADO.NET fornece um conjunto abrangente de componentes para a criação de aplicações distribuídas para partilha de dados. É uma parte integrante da estrutura .NET e permite o acesso a dados relacionais, XML e dados de aplicações. O ADO.NET suporta uma variedade de requisitos de desenvolvimento, incluindo a criação de clientes de base de dados front-end e objectos empresariais de nível intermédio utilizados por aplicações, ferramentas, linguagens ou navegadores de Internet.

Arquitetura ADO.NET

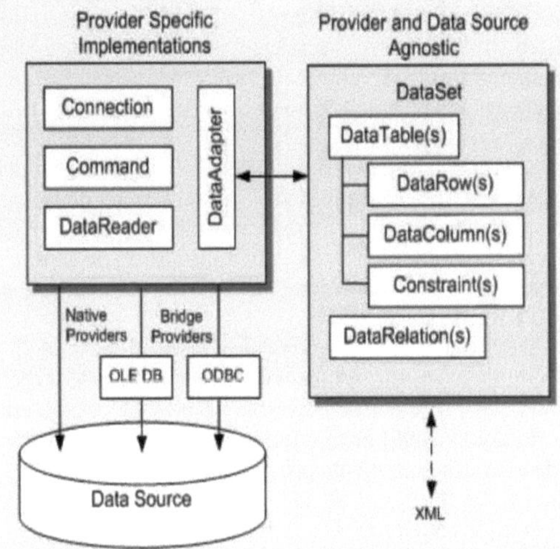

O ADO.NET fornece acesso consistente a fontes de dados como o Microsoft SQL Server, bem como a fontes de dados acessíveis através de OLE DB e XML. As aplicações de partilha de dados do consumidor podem utilizar o ADO.NET para se ligarem a estas fontes de dados e obterem dados,
manipular e atualizar dados.

O ADO.NET separa o acesso aos dados da manipulação de dados em componentes individuais que podem ser utilizados separadamente ou em conjunto. O ADO.NET contém dados do .NET Framework para ligação a uma base de dados, execução de comandos e obtenção de resultados. Estes resultados são processados diretamente ou armazenados num objeto ADO.NET DataSet para serem disponibilizados ao utilizador numa base ad-hoc, combinados com dados de várias fontes ou transmitidos entre diferentes níveis. O objeto ADO.NET DataSet também pode ser utilizado independentemente de um fornecedor de dados .NET Framework para gerir dados específicos da aplicação ou derivados de XML.

SERVIDOR SQL BACK-END

O Microsoft SQL Server melhora o desempenho, a fiabilidade, a qualidade e a facilidade de utilização da versão Microsoft SQL Server. O Microsoft SQL Server inclui várias novas funcionalidades que o tornam uma excelente plataforma de base de dados para o processamento de transacções em linha (OLTP) em grande escala, armazenamento de dados e aplicações de comércio eletrónico.

A função OLAP Services, que está disponível na versão SQL Server, chama-se agora SQL Server Analysis Services. O termo OLAP Services foi substituído pelo termo Analysis Services. O Analysis Services também contém um novo componente de extração de dados.

O componente de repositório disponível na versão do SQL Server chama-se agora Microsoft SQL Server Meta Data Services. O termo Meta Data Services é agora utilizado quando se faz referência ao componente. O termo repositório é agora utilizado apenas em relação ao motor de repositório no Meta Data Services.

Os serviços de replicação do SQL Server são utilizados pelo SQL Server para replicar e sincronizar objectos de bases de dados, na sua totalidade ou num subconjunto dos objectos existentes, através de agentes de replicação, que podem ser outros servidores de bases de dados na rede ou caches de bases de dados no lado do cliente. A replicação segue um modelo de editor/subscritor, ou seja, as alterações são enviadas por um servidor de base de dados ("editor") e recebidas por outros ("subscritor").

CARACTERÍSTICAS
PLATAFORMA - WINDOWS XP

' Baseado no novo motor Windows

O Windows XP Professional baseia-se na base de código comprovada do Windows NT e do Windows 2000, que possui uma arquitetura de computador de 32 bits e um modelo de memória totalmente protegido.

O Windows XP Professional oferece a todos os utilizadores empresariais uma experiência informática fiável.

' Programa de teste alargado do controlador de dispositivo

Com base na verificação do controlador de dispositivo no Windows 2000, o Windows XP Professional oferece testes de esforço ainda mais extensos para controladores de dispositivo. Os controladores de dispositivo que passarem nestes testes serão os controladores mais robustos disponíveis, garantindo a máxima estabilidade do sistema.

' Cenários de reinício drasticamente reduzidos

A redução drástica do cenário de reinício elimina a maioria dos cenários que obrigam os utilizadores finais a reiniciar no Windows NT 4.0 e no Windows 95/98/Me. Muitas instalações de software também deixarão de exigir reinicializações. Os utilizadores terão um maior tempo de funcionamento do sistema.

"Melhoria da proteção do código

As estruturas de dados críticas do kernel estão protegidas contra escrita para que os controladores e as aplicações não as possam danificar. Todo o código do driver de dispositivo é somente leitura e protegido por página. As aplicações não autorizadas não podem afetar as áreas centrais do sistema operativo.

Suporte de DLLs lado a lado

Fornece um mecanismo pelo qual várias versões de componentes individuais do Windows podem ser instaladas e executadas "lado a lado". Isto ajuda a resolver o problema do "inferno das DLL", permitindo que uma aplicação escrita e testada com uma versão de um componente do sistema continue a utilizar essa versão, mesmo que seja instalada uma aplicação que utilize uma versão mais recente do mesmo componente.

" Proteção de ficheiros do Windows

A proteção de ficheiros do Windows protege os ficheiros de sistema mais importantes de serem substituídos por instalações de aplicações. Se um ficheiro for substituído, a

Proteção de Ficheiros do Windows restaura a versão correta. Ao proteger os ficheiros de sistema, o Windows XP Professional atenua muitos dos erros de sistema mais comuns que ocorriam nas versões anteriores do Windows.

" Programa de instalação do Windows

Um serviço de sistema que ajuda o utilizador a instalar, configurar, acompanhar, atualizar e remover corretamente programas de software, o que ajuda a minimizar o tempo de inatividade do utilizador e a aumentar a estabilidade do sistema >

Fornece aos administradores um mecanismo orientado por políticas para identificar software em execução no seu ambiente e controlar a sua capacidade de execução. Esta funcionalidade pode ser utilizada para evitar vírus e cavalos de Troia e para bloquear

Melhoria das diretrizes de restrição de software

software, ajudando a melhorar a integridade do sistema, a capacidade de gestão e, em última análise, a reduzir os custos de funcionamento do PC.

' Arquitetura multitarefa preemptiva

Arquitetura multitarefa pré-emptiva que permite a execução simultânea de várias aplicações, assegurando uma excelente capacidade de resposta e estabilidade do sistema. Executa as aplicações mais exigentes do utilizador, mantendo um tempo de resposta do sistema impressionante.

"Suporte escalável de memória e processador

A memória e o processador escaláveis suportam até 4 gigabytes (GB) de RAM e até dois multiprocessadores simétricos. Os utilizadores que necessitam de um desempenho máximo podem trabalhar com o hardware mais recente.

Sistema de ficheiros encriptados (EFS) com suporte para vários utilizadores

O EFS encripta cada ficheiro com uma chave gerada aleatoriamente. O processo de encriptação e desencriptação é transparente para o utilizador. No Windows XP Professional, o EFS pode permitir que vários utilizadores acedam a um documento encriptado.

" Segurança IP (IPSec)

A segurança IP ajuda a proteger a transmissão de dados através de uma rede. O IPSec é uma parte importante da segurança das redes privadas virtuais (VPN), que permitem às organizações transferir dados de forma segura através da Internet. Os administradores de TI podem configurar VPNs seguras de forma rápida e fácil.

" Suporte Kerberos

Fornece autenticação padrão da indústria e de alto nível com acesso único rápido a recursos corporativos baseados no Windows 2000. O Kerberos é uma norma da Internet, o que o torna particularmente eficaz para redes que abrangem vários sistemas operativos, como o UNIX. O Windows XP Professional fornece aos utilizadores finais um início de sessão único para recursos e aplicações suportadas alojadas no Windows 2000 e na nossa plataforma de servidor de próxima geração, o Windows Server 2003. >

As **Suporte para cartões com chip**

capacidades dos cartões inteligentes estão integradas no sistema operativo, incluindo o suporte para o início de sessão com cartões inteligentes em sessões de servidor de terminal alojadas em servidores de terminal baseados no Windows Server 2003 (a plataforma de servidor da próxima geração). Os cartões inteligentes melhoram as soluções apenas de software, como a autenticação de clientes, o início de sessão interativo, a assinatura de códigos e o correio eletrónico seguro.

' Gestor de complementos do Internet Explorer

Gerir e aplicar facilmente uma lista de suplementos do Internet Explorer que são permitidos ou desactivados para aumentar a segurança. Reduz o risco de falhas.

' Firewall do Windows

A firewall integrada do Windows é activada por predefinição e ajuda a aumentar a segurança do computador desde o início até ao encerramento. Reduz o risco de ataques a partir da rede e da Internet.

" Centro de Segurança do Windows

Gerir facilmente os recursos de segurança com uma vista única e unificada das principais definições, ferramentas e acesso a recursos. O Centro de Segurança do Windows ajuda-o a alterar facilmente as definições e a identificar os riscos de segurança.

Problemas.

Gestor de anexos

O Attachment Manager isola anexos potencialmente inseguros durante o processo de abertura, ajudando a proteger contra vírus espalhados através do Outlook Express, Windows Messenger e Internet Explorer.

' Prevenção da execução

A Prevenção da Execução de Dados ajuda a impedir o ataque de determinados tipos de código malicioso e reduz o risco de transbordos de memória intermédia quando a memória de um computador está sobrecarregada.

' Lista de excepções da Firewall do Windows

A lista de excepções da Firewall do Windows ajuda os administradores a gerir as aplicações e as excepções de portas estáticas, permitindo apenas as portas que são necessárias para que uma aplicação esteja aberta.

Restrições de aplicação e ligação da Firewall do Windows

É possível configurar aplicações e portas para que apenas recebam tráfego de rede com um endereço de origem de qualquer localização, apenas da sub-rede local ou de endereços IP específicos. Isto reduz o potencial de ataques baseados na rede.

Fácil de utilizar - Design visual moderno

Embora mantenha o núcleo do Windows 2000, o Windows XP Professional tem um novo design visual. As tarefas comuns foram consolidadas e simplificadas e foram adicionadas novas sugestões visuais para ajudar os utilizadores a navegar nos seus computadores. Os administradores e os utilizadores finais podem escolher entre esta interface actualizada e a interface clássica do Windows 2000 com um simples clique do rato. Esta interface facilita a execução das tarefas mais comuns e ajuda os utilizadores a tirar o máximo partido do Windows XP Professional.

' **Ambiente de utilizador adaptável**

O ambiente de utilizador adaptável adapta-se à forma como o utilizador individual trabalha. Com um menu Iniciar redesenhado, as aplicações mais frequentemente utilizadas são apresentadas em primeiro lugar. Se o utilizador abrir vários ficheiros na mesma aplicação (por exemplo, várias mensagens de correio eletrónico no cliente de mensagens e colaboração Microsoft Outlook), as janelas abertas são resumidas num único botão na barra de tarefas.

' **Trabalhar com multimédia**

O Windows Media Player para Windows XP é o primeiro leitor a combinar todas as actividades multimédia digitais comuns num único leitor fácil de utilizar. O leitor facilita a visualização das informações multimédia. Por exemplo, as reuniões virtuais da empresa ou a aprendizagem just-in-time recebem a melhor qualidade de áudio e vídeo possível à medida que o leitor se adapta às condições da rede.

Menus de tarefas sensíveis ao contexto

Quando um ficheiro é selecionado no Explorador do Windows, aparece um menu dinâmico. Este menu lista as tarefas que são adequadas para o tipo de ficheiro selecionado. As tarefas comuns que eram difíceis de encontrar nas versões anteriores do Windows estão agora disponíveis para um acesso fácil.

' **Gravação de CD integrada**

O suporte para gravação de CDs em unidades de CD-R e CD-RW está integrado no Windows Explorer. Arquivar dados em CD é agora tão fácil como guardar em disco e não requer uma solução dispendiosa de terceiros.

' **Publicação simples de informações na Internet**

Os ficheiros e as pastas podem ser facilmente publicados em qualquer serviço Web que utilize o protocolo WebDAV. Os utilizadores poderão para publicar informações importantes em servidores Web na intranet da empresa.

Vlsta dupla

Um único computador de secretária pode ser apresentado em dois monitores controlados por um único adaptador de ecrã. Com um computador portátil, o utilizador pode utilizar tanto o ecrã LCD interno como um monitor externo, e uma variedade de adaptadores de ecrã topo de gama suportam esta funcionalidade para computadores de secretária. Os utilizadores podem maximizar a sua produtividade trabalhando em vários ecrãs sem a necessidade de várias CPUs.

" **Resolução de problemas**

O Troubleshooter ajuda os utilizadores e administradores a configurar, otimizar e resolver problemas de muitas funcionalidades do Windows XP Professional. Dá aos utilizadores mais autonomia, resultando numa maior produtividade, menos chamadas para o serviço de assistência e melhores resultados.

Serviço de apoio ao cliente.

DEFINIÇÃO DO PROBLEMA

O sistema existente inclui diferentes tipos de sistemas que vão da segurança fraca à segurança elevada. A segurança média envolve uma grande quantidade de computação humana, em que o utilizador tem de calcular a palavra-passe com base nas equações selecionadas e, em seguida, introduzir a palavra-passe calculada como palavra-passe de início de sessão para aceder à sua conta. A segurança elevada implica uma programação típica em C ou Java que tem de ser introduzida pelo utilizador para iniciar sessão no sistema. A opção de alta segurança é uma opção difícil para o utilizador médio em linha que apenas tem um conhecimento básico do funcionamento dos computadores e das coisas relacionadas com a Internet. Os actuais mecanismos de segurança em linha têm muitas desvantagens. A principal desvantagem do sistema existente é o processo demorado, que torna o processo um pouco entediante para os utilizadores em linha, e a outra desvantagem é que a alta segurança exige conhecimentos de programação que não podem ser esperados de um utilizador inexperiente.

TRABALHO PROPOSTO

Neste documento, apresentamos um mecanismo seguro que é resistente a esquemas de phishing, cavalos de Troia e ataques de shoulder surfing. Utilizamos funções de geração linear aleatória determinadas pelo utilizador para proteger as palavras-passe dos utilizadores com base no facto de um servidor ter mais informações do que um atacante.

É muito sensato que uma palavra-passe seja constante para que seja fácil de lembrar. No entanto, o preço de a tornar fácil de lembrar é que a palavra-passe pode ser roubada por outros e depois utilizada para aceder à conta da vítima. Para responder a este desafio, propomos um sistema que utiliza um novo conceito de palavra-passe virtual.

Escolha o seu procedimento de registo de entre as seguintes opções

() Default: Do not use a virtual password scheme

()Indirect-specified system function, please choose a

security degree:Low(), High()

()Use a recommended virtual password

function ()X: Pin

()Y: Random Series

()Z: Series of characters

Uma palavra-passe virtual é uma palavra-passe que não pode ser utilizada diretamente, mas que gera uma palavra-passe dinâmica que é apresentada ao servidor para autenticação. Uma palavra-passe virtual P é composta por três partes diferentes: a primeira parte é um PIN de quatro dígitos, a segunda parte é uma sequência aleatória e a terceira parte é composta por um mínimo de três e um máximo de cinco caracteres. Foi determinado que o número máximo de caracteres deve ser cinco para dificultar o reconhecimento dos caracteres por parte dos atacantes. Uma vez que existem 26 caracteres e se os caracteres forem reduzidos a três ou cinco, a probabilidade de encontrar esses caracteres é muito baixa. A linha aleatória também pode ser mantida tão pequena quanto possível, pois será difícil para os atacantes encontrarem estes números, uma vez que um menor número de números na linha é uma boa opção. O sistema proposto também eliminou o problema do cálculo humano, uma vez que este foi automatizado e é gerido pelo servidor. A palavra-passe gerada é enviada de volta para o telemóvel do utilizador e pode ser utilizada no processo de início de sessão para entrar no sistema e efetuar quaisquer transacções em linha. Os utilizadores têm duas opções para iniciar sessão na conta. A primeira opção é utilizar o sistema tradicional de início de sessão por palavra-passe. O utilizador deve introduzir o seu nome de utilizador e a sua palavra-passe para iniciar sessão na conta. No entanto, depois de iniciar sessão na conta utilizando o sistema tradicional, os utilizadores só podem verificar o saldo da sua conta e as últimas dez transacções da conta.

INTRODUÇÃO

A conceção de sistemas centra-se na engenharia de software e na ciência aplicada, independentemente do modelo de processo de software utilizado. Uma vez analisados e especificados os requisitos de software, são efectuados os testes necessários para construir e verificar o software. Cada atividade converte a informação num número que, em última análise, conduz à validação do software.

Existem essencialmente três caraterísticas que servem de orientação para avaliar um bom design,

- O projeto deve implementar todos os requisitos explícitos contidos no modelo de análise e ter em conta todos os requisitos implícitos solicitados pelo cliente.

- A conceção deve ser legível, um guia compreensível para aqueles que criam o código e para aqueles que testam e, posteriormente, dão suporte ao software.

- A conceção deve fornecer uma imagem completa do software, tendo em conta os dados e os seus domínios funcionais e comportamentais numa perspetiva de implementação.

A conceção de um sistema é o processo de planeamento de um novo sistema ou a extensão de um sistema existente. A conceção baseia-se nas limitações do sistema existente e na especificação dos requisitos recolhidos na fase de análise do sistema.

A conceção das entradas é o processo de conversão da descrição orientada para o utilizador da informação comercial informatizada em especificações orientadas para o programa.

O objetivo da conceção dos dados de entrada é tornar a automatização tão simples e isenta de erros quanto possível.

É efectuada uma **conceção lógica** do sistema, na qual são descritas as caraterísticas do sistema, são formados os procedimentos correspondentes aos requisitos do sistema e é criada uma especificação detalhada do novo sistema.

A conceção arquitetónica do sistema inclui a identificação dos componentes de software, a sua dissociação e decomposição em módulos de processamento, estruturas de dados conceptuais e a definição das relações entre os componentes.

A conceção pormenorizada trata dos métodos utilizados na compilação dos módulos de processamento e na implementação dos algoritmos de processamento, da estrutura de dados e da ligação entre os módulos e a estrutura de dados.

A conceção externa do software inclui a conceção, o planeamento e a especificação das caraterísticas observáveis externamente do produto de software. A conceção externa começa na fase de análise e continua até à fase de conceção.

Na fase de conceção, tiveram de ser realizados os seguintes projectos. Cada um destes projectos foi trabalhado separadamente, tendo em conta todos os requisitos, restrições e condições. Foi necessário um processo passo a passo para realizar o projeto.

A conceção do processo é a conceção do processo a realizar; é a conceção que conduz à codificação. As condições e os constrangimentos do sistema devem ser tidos em conta. O desenho deve ser criado e editado em conformidade.

A conceção dos resultados é a fonte de informação mais importante e mais direta para o utilizador. A conceção dos resultados é uma atividade contínua durante a fase de estudo. Os objectivos da conceção dos resultados definem o conteúdo e o formato de todos os documentos e relatórios num formato atrativo e útil.

CONCEITOS DE DESIGN

FLUXOGRAMA DO SISTEMA

Uma representação global do sistema pode ser visualizada através de um diagrama de fluxo do sistema. Num diagrama de fluxo do sistema, a origem e o destino são representados por um retângulo. A seta num diagrama de fluxo do sistema representa o fluxo de dados de uma fonte para outra e contém a conceção geral do sistema.

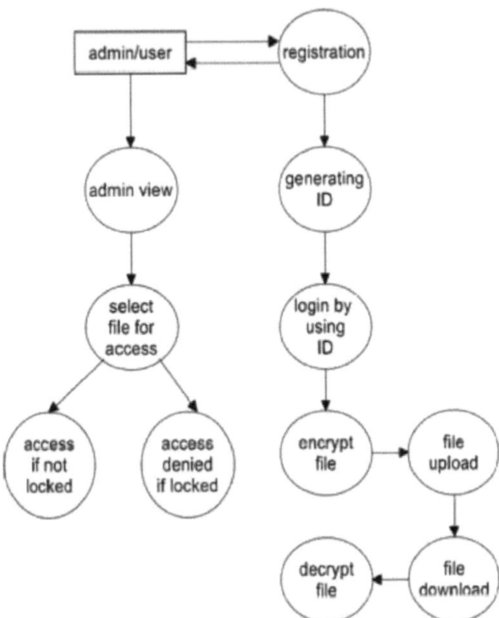

Figura: 7.2.1 Fluxograma do sistema

DIAGRAMA DE SEQUÊNCIA

DIAGRAMA DE FLUXO DE DADOS

O diagrama de fluxo de dados (DFD) é uma ferramenta gráfica que permite visualizar os requisitos do sistema numa forma gráfica. O objetivo do DFD, também conhecido como "diagrama de bolhas", é clarificar os requisitos do sistema e identificar as transformações mais importantes a programar na conceção do sistema. Este DFD pode ser criado no início da fase de conceção, decompondo funcionalmente as especificações dos requisitos até ao nível mais baixo de pormenor. O DFD é composto por uma série de bolhas ligadas por linhas. As bolhas representam as transformações de dados e as linhas representam os fluxos de dados no sistema

Regras para a criação de um DFD

O processo deve ser nomeado e numerado de modo a ser fácil de encontrar. Cada nome deve ser representativo do processo. A direção do fluxo é de cima para baixo e da esquerda para a direita. Isto significa que o fluxo de dados deve ser da origem para o destino. Quando um processo é dividido em pormenores de nível inferior, estes são numerados. Os nomes dos armazenamentos de dados, fontes e destinos são escritos em letras maiúsculas. Para nomes de processos e fluxos de dados, a primeira letra de cada palavra é maiúscula. O DFD tem como principal objetivo apoiar a comunicação. Se contiver dezenas de processos e armazenamentos de dados, torna-se demasiado confuso. Como regra geral, o DFD deve ser dividido num nível funcional. O melhor é pegar em cada função individualmente e expandi-la para representar a explosão num único processo. Se um utilizador quiser saber o que está a acontecer num determinado processo, pode ser mostrada a explosão detalhada desse processo.

NÍVEL 0

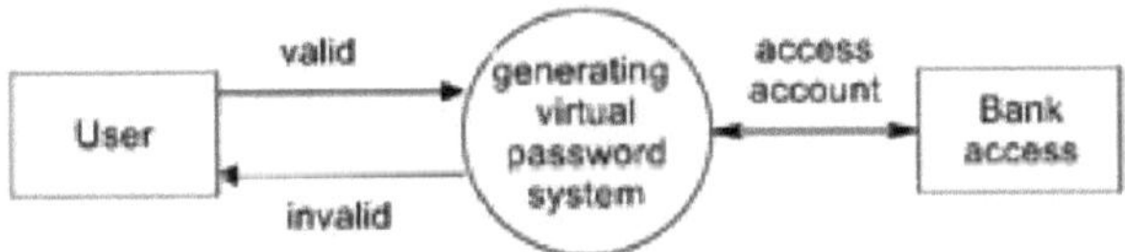

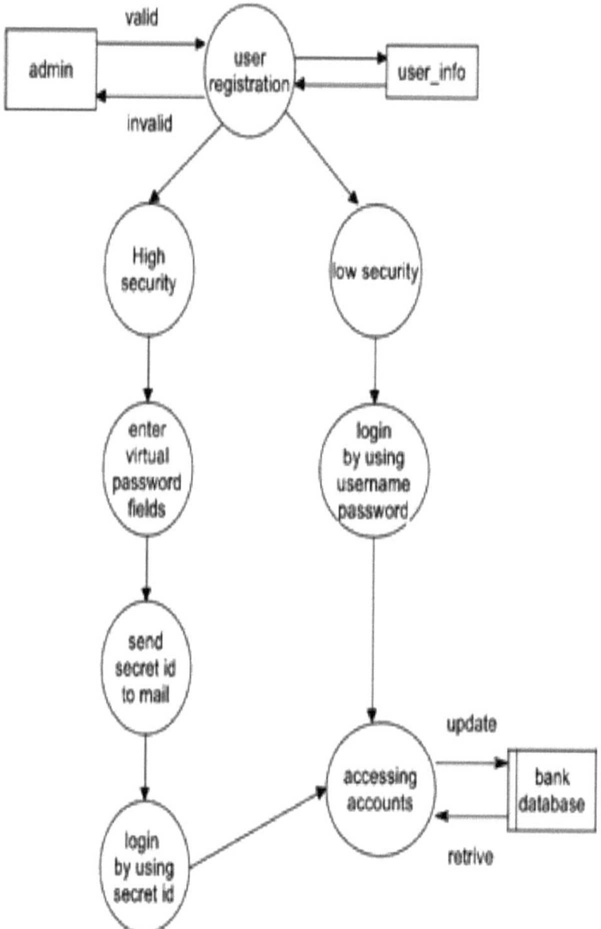

valid
admin
user registration
user_info
invalid
High security
low security
enter virtual password fields
login by using username password
send secret id to mail
login by using secret id
accessing accounts
update
bank database
retrive

CONCEPÇÕES DE BASES DE DADOS
Restrições de dados
Todas as empresas do mundo dependem da recolha, armazenamento e análise de dados comerciais. Os líderes empresariais definem um conjunto de regras que devem ser aplicadas aos dados armazenados para garantir a sua integridade.
Tipos de restrições de dados
Existem dois tipos de restrições de dados que podem ser aplicadas aos dados que são inseridos numa tabela da base de dados: uma restrição de E/S. O outro tipo de restrição é chamado de restrição de regra comercial.

* Restrições de E/S

A restrição de dados de entrada/saída divide-se em duas restrições diferentes.
A restrição de chave primária
A restrição de dados associada a uma coluna assegura este facto:

- que os dados introduzidos na coluna da tabela são únicos para toda a coluna.

□ que nenhuma das células pertencentes à coluna da tabela fique vazia.
A restrição de chave estrangeira
A restrição externa estabelece uma relação entre registos de dados numa tabela principal e numa tabela de detalhes. A relação é garantida.

- Os registos de dados não podem ser inseridos numa tabela de pormenor se os registos de dados correspondentes não existirem na tabela principal.

- Os registos da tabela principal não podem ser eliminados se existirem registos correspondentes na tabela de detalhes.
Restrições da regra de negócio
A base de dados permite a aplicação de regras comerciais às colunas da tabela. Os gestores empresariais definem as regras de negócio.

A base de dados permite aos programadores definir restrições:

- Nível do pilar
- Nível do quadro

Restrições ao nível da coluna

Se as restrições de dados forem definidas juntamente com a definição de coluna ao criar ou modificar uma estrutura de tabela, estas são restrições ao nível da coluna.
Restrições a nível de tabela
Se as restrições de dados forem definidas após a definição de todas as colunas da tabela ao criar ou modificar uma estrutura de tabela, trata-se de uma restrição ao nível da tabela.
Conceitos de valor zero
Um valor NULL é diferente de um espaço de zero. Os valores NULL são tratados de forma especial pela base de dados. Um valor NULL pode ser inserido nas colunas de qualquer tipo de dados.

Restrição diferente de zero definida ao nível da coluna
Se uma coluna for definida como diferente de zero, esta coluna torna-se uma coluna
obrigatória, ou seja, deve ser introduzido um valor na coluna para que o registo de
dados seja aceite para armazenamento na tabela.
A restrição de chave primária - conceitos **da chave primáriaUma** chave primária
numa tabela é utilizada para identificar exclusivamente cada linha da tabela Uma
coluna de chave primária numa tabela tem propriedades especiais.

- Define a coluna como uma coluna obrigatória, ou seja, a coluna não pode ser
  deixada em branco. O atributo NOT NULL está ativo.
- A data na coluna DEVE ser ÚNICA.

CONCEPÇÃO DO QUADRO
NOME DA TABELA : Informação_do_utilizador

Field name	Data Type	Description
User_id	Numeric	User identification
Uname	Text	User's Name
Username	Text	User name
Pwd	Text	Pass word
Email_id	Text	Email identification
Addr	memo	Address of the user
City	Text	City of the user
Dob	Date/time	Date of birth
Mob_num	Text	Mobile number

VERIFICAÇÃO DO SISTEMA

A filosofia subjacente aos testes consiste em encontrar erros. A visão geral dos testes é tornar o programa livre de erros. Os testes de software são um elemento crucial da garantia de qualidade do software e constituem a verificação final da especificação, da conceção e da geração do código. Uma vez criado o código fonte, o software deve ser testado para detetar o maior número possível de erros antes de ser entregue ao cliente. Para maximizar o número de erros encontrados, os testes devem ser sistemáticos e os casos de teste devem ser concebidos utilizando técnicas disciplinadas.

TIPOS DE TESTES

* Testes de aceitação

Os testes de aceitação incluem o planeamento e a execução de testes funcionais, testes de desempenho e testes de carga para provar que o sistema implementado cumpre os requisitos. Quando é desenvolvido software personalizado para um cliente, é efectuada uma série de testes de aceitação para dar ao cliente a oportunidade de validar todos os requisitos.

As falhas de aceitação cumulativas que podem afetar o sistema ao longo do tempo são incluídas nos casos de teste desenvolvidos durante os testes de integração. São acrescentados casos de teste adicionais para atingir o nível desejado de testes funcionais, de desempenho e de stress para todo o sistema. Em relação ao Smart Cryptography Kit, a verificação de aceitação no formulário de início de sessão é verificada - se um nome de utilizador e uma palavra-passe são aceites pelo sistema proposto. Aqui, a parte de validação é mantida no suporte de backend.

* Testes normalizados

Nos testes individuais, o esforço de verificação centra-se na unidade mais pequena do software. Utilizando a descrição detalhada do projeto como guia, o caminho de controlo importante é testado para detetar erros dentro dos limites do módulo. Estes testes foram efectuados durante a própria fase de programação. Depois de testar cada campo individual nos módulos, o módulo do projeto é testado separadamente. Os testes unitários centram-se na unidade mais pequena da conceção e do campo do software. É o chamado teste de campo. Em relação ao Smart Cryptography Kit, os testes unitários são efectuados para cada parte pública e privada individual e é verificada a diferença entre o resultado real e o resultado esperado.

CASOS DE TESTE

O teste que é efectuado no âmbito dos testes unitários é apresentado a seguir.

* Interface

Testado para garantir que a informação flui corretamente para dentro e para fora da unidade de programa em teste.

No MIS Informer secreto, o gdi32.dll é implementado para rastrear o ecrã do sistema remoto e enviá-lo para o endereço de correio da administração. Aqui, o gdi32.dll actua como uma interface.

*   **Estruturas de dados locais**

A integridade dos dados temporariamente armazenados neste módulo foi verificada. Foi determinado que não ocorreu qualquer perda de dados ou interpretação incorrecta dos dados neste módulo.

No nosso sistema proposto, é codificado um ciclo aninhado para verificar o nome de utilizador e a palavra-passe para acesso posterior às ferramentas do Smart Cryptography Kit.

Condições de fronteira

Os dados para este módulo têm um comprimento fixo e são conhecidos para um determinado intervalo de valores. Os dados de entrada com os valores limite inferior e superior correspondentes e também os valores entre o intervalo, e verificou-se que o módulo funciona bem com as condições de fronteira.

No MIS Informer secreto, para cada composição de correio, ele verificará o tamanho da imagem capturada com mais de 10 MB de tamanho, se no caso de exceder significa que automaticamente o arquivo específico será compactado antes de enviar para a administração.

*   **Caminhos para o tratamento de erros**

O módulo foi testado quanto às condições de tratamento de erros. O módulo recebeu entradas incorrectas e foi verificado quanto a caminhos de erro. Verificou-se que o módulo era capaz de gerar mensagens de erro correspondentes para todas as entradas incorrectas que recebia.

Sempre que ocorre um erro no Smart Cryptography Kit, este é comunicado ao utilizador através do método try-catch, para que este possa resolver o problema sem interromper a execução do sistema.

CAPÍTULO 9 IMPLEMENTAÇÃO DO SISTEMA DE SEGURANÇA

INTRODUÇÃO

A implementação do sistema é a fase do projeto em que a conceção teórica é transformada num sistema funcional. Se a fase de implementação do sistema não for cuidadosamente controlada e planeada, pode conduzir ao caos. Por conseguinte, pode ser considerada a fase mais crítica quando se trata de criar um novo sistema bem sucedido e de garantir aos utilizadores que o sistema irá funcionar e ser eficaz.

- Análise cuidadosa do planeamento do sistema atual, revisão das condições-limite e implementação.

- Formação do pessoal no novo sistema desenvolvido.

Normalmente, uma aplicação de software só é implementada depois de ter passado por todo o ciclo de vida de um projeto. Vários processos do ciclo de vida, como a análise de requisitos, a fase de conceção, a revisão, os testes e, finalmente, a fase de implementação, conduzem a uma gestão de projectos bem sucedida. A aplicação de software, que é essencialmente uma aplicação baseada no Windows, foi implementada com êxito depois de passar pelos processos do ciclo de vida acima referidos.

Como o software vai ser implementado num sector industrial de alto nível, vários factores como o ambiente da aplicação, a gestão dos utilizadores, a segurança, a fiabilidade e, finalmente, o desempenho são considerados factores-chave na fase de conceção. Estes factores são analisados passo a passo e os resultados positivos e negativos são anotados antes da implementação final. A segurança e a autenticação são garantidas tanto a nível do utilizador como a nível da administração. Os dados são armazenados no Access 2000 como um RDBMS, que é muito fiável e fácil de utilizar. A segurança ao nível do utilizador é gerida através de opções de palavra-passe e sessões, o que, em última análise, garante que todas as transacções são efectuadas de forma segura.

IMPLEMENTAÇÃO E AVALIAÇÃO

Este projeto foi implementado por nós e oferece mais segurança do que o sistema existente. O tempo total necessário para iniciar a sessão foi reduzido. Foram definidos apenas dois logins. São eles o de baixa segurança e o de alta segurança.

Com baixa segurança, o utilizador pode utilizar o sistema de início de sessão convencional para entrar no sistema, mas os direitos de transação são retirados. O segundo início de sessão é efectuado com segurança elevada.

Durante este início de sessão, o utilizador deve introduzir os dados nos três campos, após o que poderá iniciar sessão no sistema. Existem três campos, nomeadamente X (pin de 4 dígitos), Y (linha aleatória) e Z (carácter).

Figura: 9.2 Opção de início de sessão

Qualquer dígito dos quatro dígitos é introduzido no campo X. É introduzido qualquer número da série e qualquer carácter do campo Z. Todos estes três valores são inseridos numa equação selecionada pelo utilizador e a resposta gerada é recebida como uma mensagem flash no telemóvel. O carácter do campo Z é substituído pelo seu valor ASCII correspondente. A utilização de duas opções de início de sessão proporciona ao utilizador uma forma fácil de escolher o início de sessão de acordo com as suas necessidades. Isto ajuda o utilizador a poupar o seu tempo. Se o utilizador pretender apenas verificar o saldo da conta ou as últimas dez transacções, pode iniciar sessão com a opção "Segurança reduzida" e verificar o saldo da conta. Se o utilizador precisar de fazer uma transação ou uma transferência na sua conta, pode escolher a opção de alta segurança para aceder à sua conta com todos os direitos de transação. O utilizador terá de introduzir os seus dados e preencher os três campos X, Y e Z e receberá a palavra-passe através de uma mensagem flash no seu dispositivo móvel.

CAPÍTULO 10 CONCLUSÕES

CONCLUSÃO

Este projeto proporciona uma melhor segurança do que os sistemas existentes, impedindo ataques de phishing, ataques de máscara, ataques de shoulder surfing, etc. Proporciona uma melhor forma de aceder à Internet e garante uma maior segurança. O tempo de processamento foi reduzido até certo ponto em comparação com os sistemas existentes.

FUTURA EXPANSÃO

O projeto é de pleno direito e de fácil utilização. O sistema reduziu consideravelmente a burocracia e reduziu drasticamente o acesso às contas bancárias. O sistema cumpre todos os requisitos que o utilizador necessita. Estou a finalizar o software de acordo com os meus conhecimentos e convicções.

O sistema tem uma grande margem de manobra no futuro e pode ser desenvolvido para acrescentar mais funcionalidades que satisfaçam as necessidades dos utilizadores. No futuro, podem também ser acrescentados e integrados neste sistema outros serviços em nuvem para o acesso inteligente de clientes globais, uma vez que o sistema é flexível para qualquer alteração num futuro próximo.

CAPÍTULO 11 APÊNDICE

11.1 Exemplo de código fonte

```
Imports System.Net
Imports System.Text.RegularExpressions
Imports System.Net.Mail
Imports System.IO.Compression
Imports System.IO.Compression.GZipStream
Imports System.Data
Imports System.IO
Public Class Frm_Userregistration
    Dim cn As New ADODB.Connection
    Dim rs As New ADODB.Recordset
    Private Sub Form1_Load(ByVal sender As System.Object, ByVal e As
System.EventArgs) Handles MyBase.Load
        cn = New ADODB.Connection
        cn.Open("Provider=Microsoft.Jet.OLEDB.
        4.0;Data
Source=D:\PrivacyPreservingCloud\PrivacyPreservingCloud\bin
\Debug\con nect.mdb")
        Call load_list()
    End Sub
    Public Sub load_list()
        txt_name.Text = ""
        txt_username.Text = ""
        txt_email.Text = "" txt_addr.Text = ""
        txt_city.Text = ""
        txt_mobile.Text = ""
        txt_id.Text = ""
        lv1.Items.Clear()
        rs = New ADODB.Recordset rs.Open("Select * from user_info", cn, 1, 2) If
        rs.EOF = True Then Else
            Dim i As Integer
            While Not rs.EOF
                lv1.Items.Add(rs.F ields(O).Value)
```

```vbnet
            lv1.Items(i).SubItems.Add(rs .Fields(1).Value)
            lv1.Items(i).SubItems.Add(rs .Fields(2).Value)
            lv1.Items(i).SubItems.Add(rs .Fields(4).Value)
            lv1.Items(i).SubItems.Add(rs .Fields(5).Value)
            lv1.Items(i).SubItems.Add(rs .Fields(6).Value)
            lv1.Items(i).SubItems.Add(rs .Fields(7).Value)
            lv1.Items(i).SubItems.Add(rs .Fields(8).Value)
            1  = i + 1 rs.MoveNext()
        End While
    End If
    rs.Close()
  End Sub
  Private Sub Button1_Click(ByVal sender As System.Object, ByVal e As
System.EventArgs) Handles Button1.Click
    'On Error Resume Next
    Dim smtpServer As New SmtpClient()
    Dim mail As New MailMessage()
    smtpServer.Credentials = New
Net.NetworkCredential("cloudloginproject@gmail.com", "idontknow@@@")
    smtpServer.Port = 587
    smtpServer.Host = "smtp.gmail.com"
    smtpServer.EnableSsl = True
    mail = New MailMessage()
    mail.From = New
    MailAddress("cloudloginproject@gmail.com")
    mail.To.Add(txt_email.Text)
    mail.Subject = ("Privacy Preserving Cloud - Message Authentication
Code")
    'Dynamic Message authentication Code Genrator
    Algorithm Dim s As String
    Dim i1, i2, i3, i4, i5, i6 As Integer
    Dim s1, s2, s3 As Integer
    si = Now.Second
    11  = si / 10
    12  = si Mod 10
    s2 = Now.Minute
    i3 = s2 / 10
```

```vb
        i4 = s2 Mod 10
        s3 = Now.Millisecond
        i5 = s3 / 10
        i6 = s3 Mod 10
        Dim T As Integer
        T = i1 & i2 & i3 & i4 & i5 & i6
        mail.Body = "Username :" & txt_username.Text & vbNewLine &
    "Password :" & T
        smtpServer.Send(mail)
        rs = New ADODB.Recordset rs.Open("Select * from user_info", cn, 1, 2)
        rs.AddNew()
        rs.Fields(0).Value = txt_id.Text
        rs.Fields(1).Value = txt_name.Text
        rs.Fields(2).Value = txt_username.Text
        rs.Fields(3).Value = T
        rs.Fields(4).Value = txt_email.Text
        rs.Fields(5).Value = txt_addr.Text
        rs.Fields(6).Value = txt_city.Text
        rs.Fields(7).Value = dob.Value
        rs.Fields(8).Value = txt_mobile.Text
        rs.Update()
        rs.Close()
        MsgBox("Please check your mail to receive Message Authenticated Code
to login", MsgBoxStyle.Information, "Privacy Preserving Security")
        Call load_list()
    End Sub

    Private Sub Button2_Click(ByVal sender As System.Object, ByVal e As
System.EventArgs) Handles Button2.Click
        Dim smtpServer As New SmtpClient()
        Dim mail As New MailMessage()
        smtpServer.Credentials = New
Net.NetworkCredential("cloudloginproject@gmail.com", "idontknow@@@")
        smtpServer.Port = 587
        smtpServer.Host = "smtp.gmail.com"
        smtpServer.EnableSsl = True
        mail = New MailMessage()
```

```vb
        mail.From = New
        MailAddress("cloudloginproject@gmail.com")
        mail.To.Add(txt_email.Text)
        mail.Subject = ("Privacy Preserving Cloud - Message Authentication
Code")
        'Dynamic Message authentication Code Genrator
        Algorithm Dim s As String
        Dim i1, i2, i3, i4, i5, i6 As Integer
        s = ""
        Dim s1, s2, s3 As Integer
        S1  = Now.Second
        S2  = s1 / 10
        S3  = s1 Mod 10
        s2 = Now.Minute

        i3 = s2 / 10
        S4  = s2 Mod 10
        S5  = Now.Millisecond
        S6  = s3 / 10
        S7  = s3 Mod 10
        Dim T As Integer
        T = i1 & i2 & i3 & i4 & i5 & i6
        mail.Body = "Username :" & txt_username.Text & vbNewLine &
"Password :" & T
        smtpServer.Send(mail)
        rs = New ADODB.Recordset
        rs.Open("Select * from user_info where user_id = " & txt_id.Text & "", cn,
1, 2)
        If rs.EOF = True Then Exit Sub
        rs.Fields(0).Value = txt_id.Text
        rs.Fields(1).Value = txt_name.Text
        rs.Fields(2).Value = txt_username.Text
        rs.Fields(3).Value = T
        rs.Fields(4).Value = txt_email.Text
        rs.Fields(5).Value = txt_addr.Text
        rs.Fields(6).Value = txt_city.Text
```

```vb
        rs.Fields(7).Value = dob.Value
        rs.Fields(8).Value = txt_mobile.Text
        rs.Update()
        rs.Close()
        MsgBox("Please check your mail to receive Message Authenticated Code
to login", MsgBoxStyle.Information, "Privacy Preserving Security")
        Call load_list()
    End Sub
    Private Sub lv1_Click(ByVal sender As Object, ByVal e As
System.EventArgs) Handles lv1.Click
        rs = New ADODB.Recordset
        rs.Open("Select * from user_info where user_id = " &
lv1.SelectedItems(0).Text & "", cn, 1, 2)
    If rs.EOF = True Then Exit Sub
    txt_id.Text = lv1.SelectedItems(0).Text
    txt_name.Text = lv1.SelectedItems(0).SubItems(1).Text
    txt_username.Text = lv1.SelectedItems(0).SubItems(2).Text
    txt_email.Text = lv1.SelectedItems(0).SubItems(3).Text
    txt_addr.Text = lv1.SelectedItems(0).SubItems(4).Text
    txt_city.Text = lv1.SelectedItems(0).SubItems(5).Text
    dob.Value = lv1.SelectedItems(0).SubItems(6).Text
    txt_mobile.Text = lv1.SelectedItems(0).SubItems(7).Text
    rs.Close()
End Sub
    Private Sub lv1_SelectedIndexChanged(ByVal sender As System.Object,
ByVal e As System.EventArgs) Handles lvl.SelectedIndexChanged
    End Sub
    Private Sub Button3_Click(ByVal sender As System.Object, ByVal e As
System.EventArgs) Handles Button3.Click
        'On Error Resume Next
        MsgBox("Please check your mail",
        MsgBoxStyle.Information)
        Dim smtpServer As New SmtpClient()
        Dim mail As New MailMessage()
        smtpServer.Credentials = New
Net.NetworkCredential("cloudloginproject@gmail.com", "idontknow@@@")
        smtpServer.Port = 587
```

```vbnet
smtpServer.Host = "smtp.gmail.com"
smtpServer.EnableSsl = True
mail = New MailMessage()
mail.From = New
MailAddress("cloudloginproject@gmail.com")
mail.To.Add(txt_email.Text)
Dim s As String
Dim i1, i2, i3, i4, i5, i6 As Integer
s = ""
Dim s1, s2, s3 As Integer
si = Now.Second
i1 = si / 10
i2 = s1 Mod 10
s2 = Now.Minute
i3 = s2 / 10
i4 = s2 Mod 10
s3 = Now.Millisecond
i5 = s3 / 10
i6 = s3 Mod 10
Dim T As Integer
T = i1 & i2 & i3 & i4 & i5 & i6
mail.Subject = ("Emergency - Your Account is going to delete from
Administrator Side! ")
mail.Body = "Secret Code:" & T & vbNewLine & "You Want to continue
your account further, Please make a reply mail with the above secret code to
Administrator at helpdeskprivacypreserving@gmail.com"
smtpServer.Send(mail)
Dim z As Stringz = InputBox("Enter the Secret code to Delete this Account
permanently", "Privacy Preserving")
If z = T Then
    rs = New ADODB.Recordset
    rs.Open("Delete from user_info where user_id = " & txt_id.Text & "",
cn, 1, 2)
    MsgBox("Selected User ID Deleted", MsgBoxStyle.Information,
"Privacy Preserving Security")
    Call load_list()
Else
```

```vb
        End If

    Private Sub Button4_Click(ByVal sender As System.Object, ByVal e As
System.EventArgs) Handles Button4.Click
        Call load_list()
        rs = New ADODB.Recordset
        rs.Open("Select max(user_id) from user_info", cn, 1, 2)
        If rs.EOF = True Then
            txt_id.Text = "1"
            lbl_intimation.Text = "No User Till
now" ElseIf
        IsDBNull(rs.Fields(0).Value) = True
        Then
            txt_id.Text = "1"
            lbl_intimation.Text = "No User Till now
        Else
            txt_id.Text = Val(rs.Fields(0).Value) + 1
            lbl_intimation.Text = "Already " &
Val(rs.Fields(0).Value) & " users are there"
        End If
        rs.Close()
    End Sub
    Private Sub txt_name_TextChanged(ByVal sender As System.Object, ByVal e
As System.EventArgs) Handles txt_name .TextChanged
        If txt_id.Text = "" Then

            MsgBox("User ID Empty", MsgBoxStyle.Critical, "Privacy Preserving")
            Exit Sub
        End If
    End Sub
    Private Sub txt_username_TextChanged(ByVal sender As System.Object,
ByVal e As System.EventArgs) Handles txt_username .TextChanged
        If txt_id.Text = "" Then
            MsgBox("User ID Empty", MsgBoxStyle.Critical, "Privacy Preserving")
            Exit Sub

        End If
```

```vb
    End Sub
    Private Sub txt_pwd_TextChanged(ByVal sender As System.Object, ByVal e
As System.EventArgs) Handles txt_pwd.TextChanged
        If txt_id.Text = "" Then
            MsgBox("User ID Empty", MsgBoxStyle.Critical, "Privacy Preserving")
            Exit Sub
        End If
    End Sub
    Private Sub txt_email_LostFocus(ByVal sender As Object, ByVal e As
System.EventArgs) Handles txt_email.LostFocus
        If txt_id.Text = "" Then
            MsgBox("User ID Empty", MsgBoxStyle.Critical, "Privacy Preserving")
            Exit Sub
        End If
        On Error Resume Next
        Dim l As Integer
        Dim i As Integer
        l =
        Len(txt_email.Te
        xt) 'If l > 10 Then
                                  txt_email.Text
        txt_email.Text.ToString.Substring(0, l -                    1)
        MsgBox("Phone Number Exceeds",
        MsgBoxStyle.Critical) ' Exit Sub
        'End If
        i = 0
        For i = 0 To l
            If txt_email.Text.ToString.Substring(i, 1) = "@" Then
                Exit Sub
            End If
        Next i
        MsgBox("Invalid Email Id")
    End Sub
    Private Sub txt_email_TextChanged(ByVal sender As System.Object, ByVal e
As System.EventArgs) Handles txt_email.TextChanged
    End Sub
    Private Sub txt_addr_TextChanged(ByVal sender As System.Object, ByVal e
```

```vb
As System.EventArgs) Handles txt_addr.TextChanged
    If txt_id.Text = "" Then
       MsgBox("User ID Empty", MsgBoxStyle.Critical, "Privacy Preserving")
       Exit Sub
    End If
End Sub
Private Sub txt_city_TextChanged(ByVal sender As System.Object, ByVal e
As System.EventArgs) Handles txt_city.TextChanged
    If txt_id.Text = "" Then
       MsgBox("User ID Empty", MsgBoxStyle.Critical, "Privacy Preserving")
       Exit Sub
    End If
End Sub
Private Sub txt_mobile_TextChanged(ByVal sender As System.Object, ByVal
e As System.EventArgs) Handles txt_mobile.TextChanged
    If txt_id.Text = "" Then
       MsgBox("User ID Empty", MsgBoxStyle.Critical, "Privacy Preserving")
       Exit Sub
    End If
    On Error Resume Next
    Dim l As Integer
    Dim i As Integer
    l =
    Len(txt_mobile.Te
    xt) If l > 10 Then
       txt_mobile.Text =
       txt_mobile.Text.ToString.Substring(0, l - 1) MsgBox("Phone Number
       Exceeds", MsgBoxStyle.Critical)
       Exit Sub
    End If
    '
    i = 0
    For i = 0 To l
       If txt_mobile.Text.ToString.Substring(i, 1) =
             "0"                                         Or
txt_mobile.Text.ToString.Substring(i,        1)       =       "1"
                                             Or
```

```vbnet
txt_mobile.Text.ToString.Substring(i, 1) = "2" Or
txt_mobile.Text.ToString.Substring(i, 1) = "3" Or
txt_mobile.Text.ToString.Substring(i, 1) = "4" Or
txt_mobile.Text.ToString.Substring(i, 1) = "5" Or
txt_mobile.Text.ToString.Substring(i, 1) = "6" Or
txt_mobile.Text.ToString.Substring(i, 1) = "7" Or
txt_mobile.Text.ToString.Substring(i, 1) = "8" Or
txt_mobile.Text.ToString.Substring(i, 1) = "9" Then
        Else
            MsgBox("Characters and Special characters not allowed",
MsgBoxStyle.Critical)
            txt_mobile.Text =
            txt_mobile.Text.ToString.Substring(0, 1 - 1)
            Exit Sub
        End If
    Next i
    Private Sub Panel1_Paint(ByVal sender As System.Object, ByVal e As
System.Windows.Forms.PaintEventArgs) Handles Panel1.Paint End Sub
End Class
```

11.2SCREENSHOTS

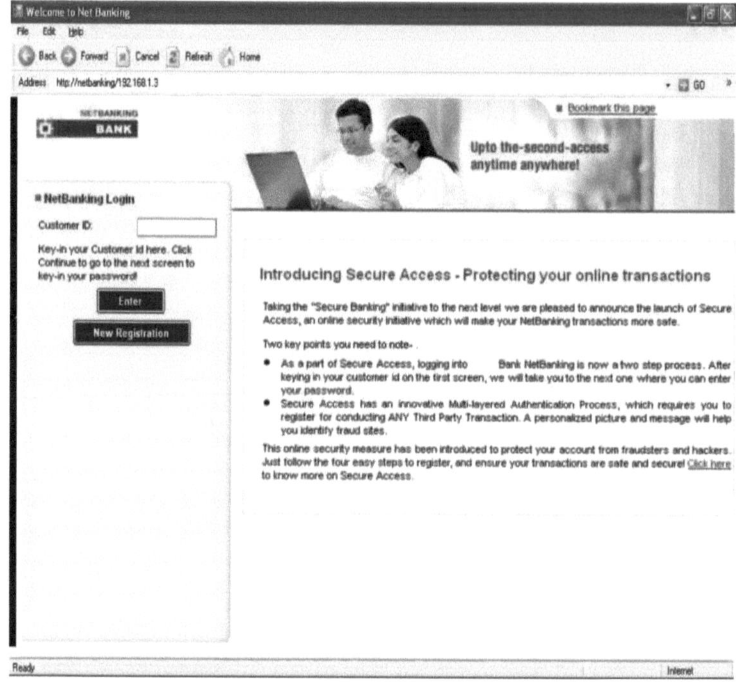

Figura: 11.2.1 Página inicial

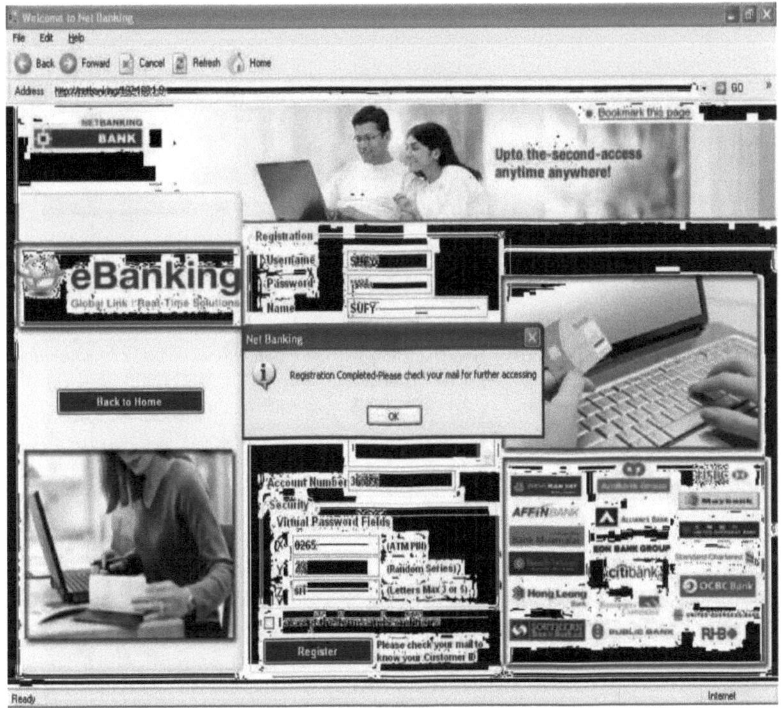

Figura: 11.2.2 Página de registo

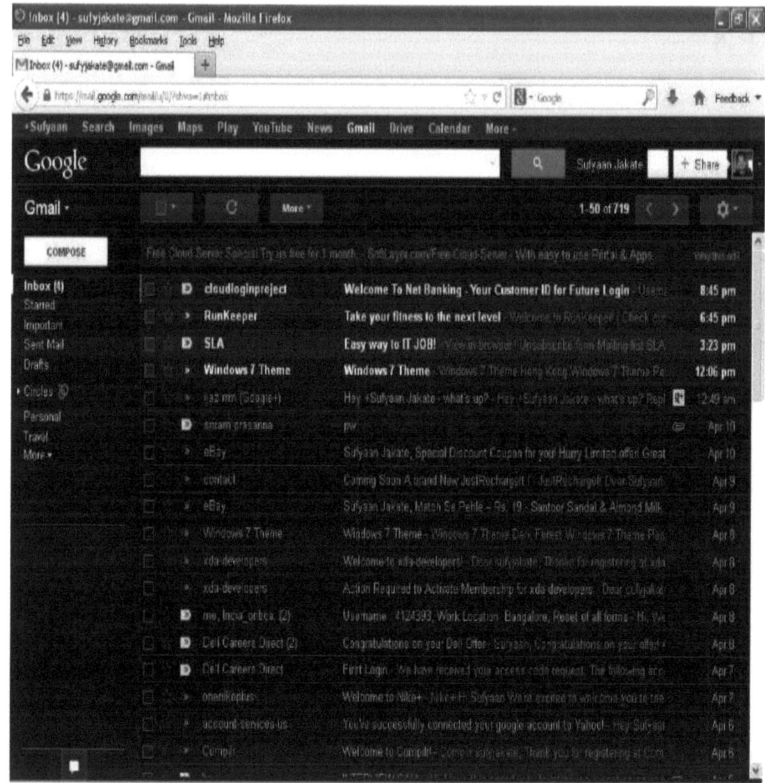

Figura: 11.2.3 Página de confirmação do correio eletrónico

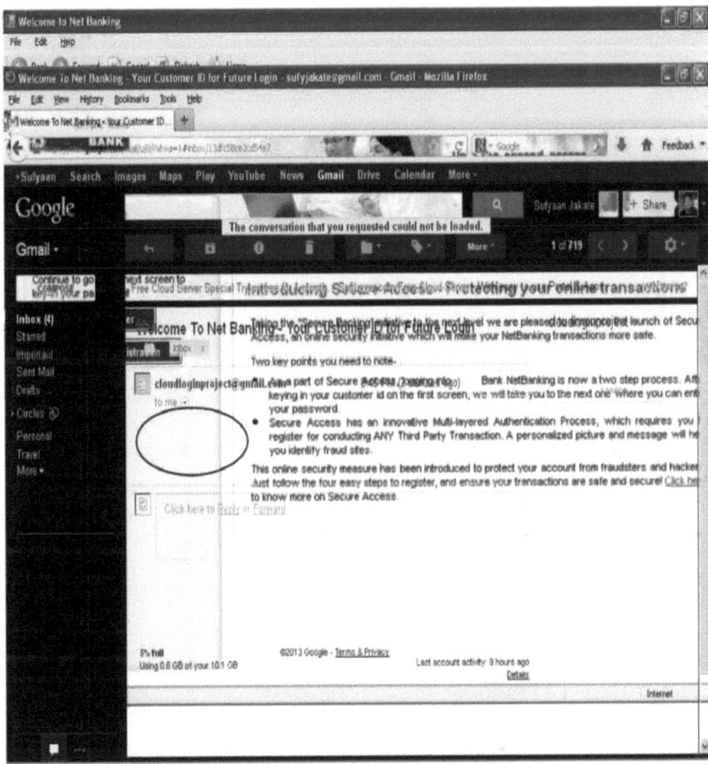

Figura: 11.2.4 Receber o nome do utilizador e o número de cliente

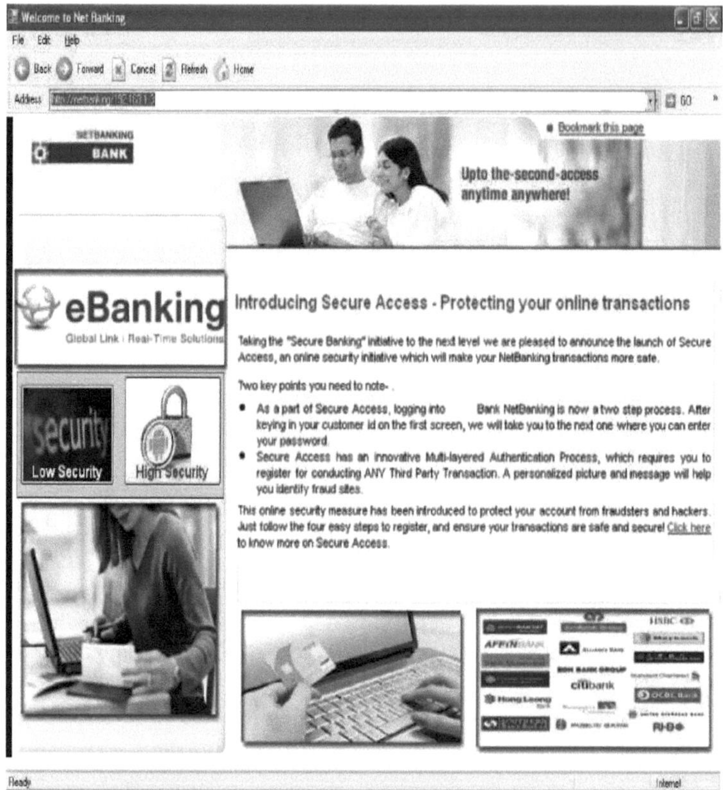

Figura: 11.2.5 Introduzir o número de cliente

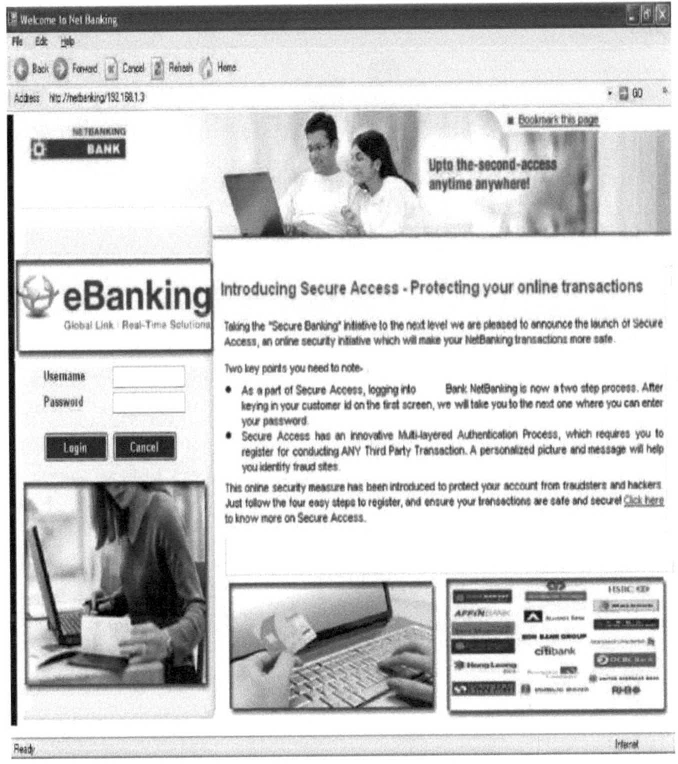

Figura: 11.2.6 Página de início de sessão

Figura: 11.2.7 Página de início de sessão tradicional

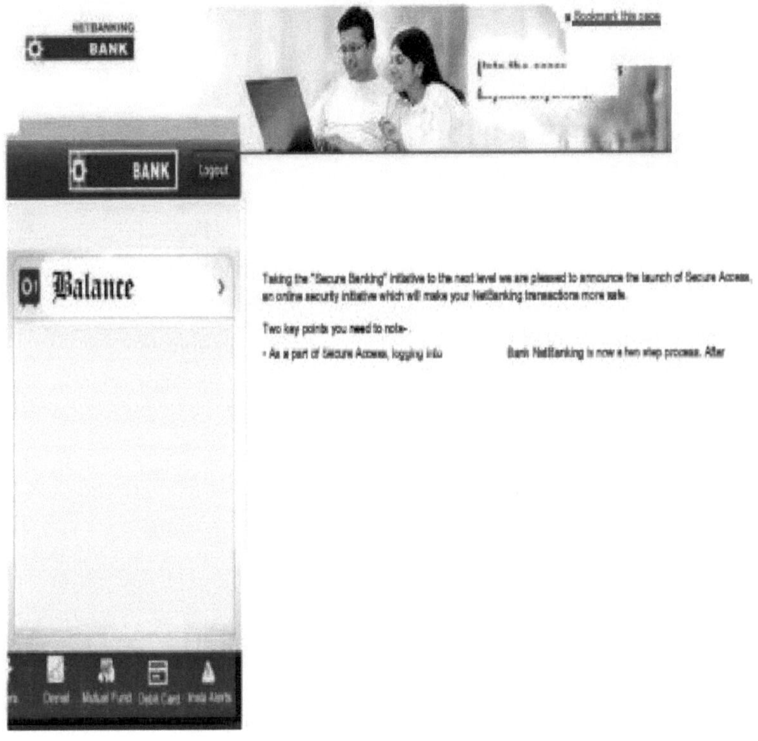

Figura: 11.2.8 Página de início de sessão

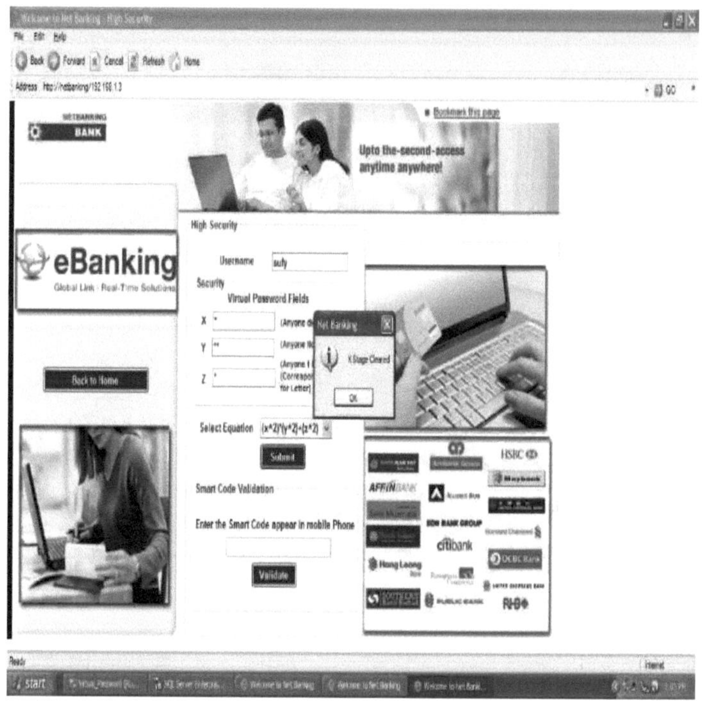

Figura: 11.2.9Página de início de sessão de alta segurança (fase x desactivada)

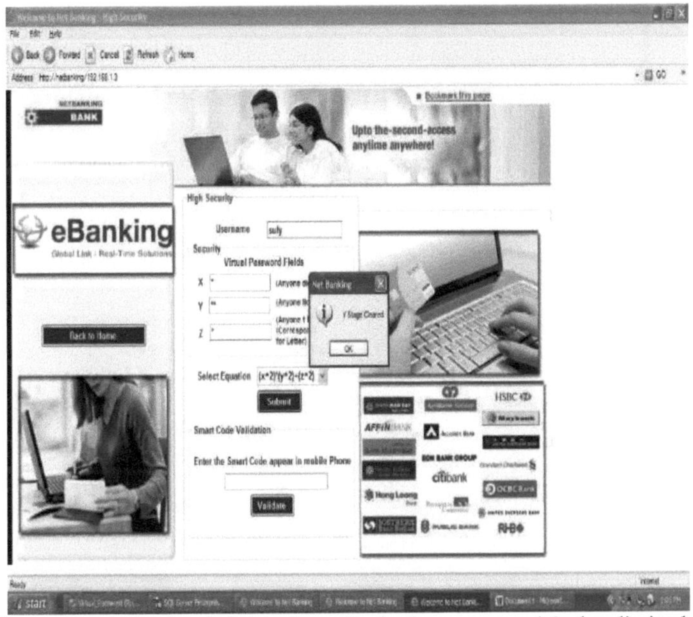

Figura: 11.2.10 Página de início de sessão de alta segurança (nível y eliminado)

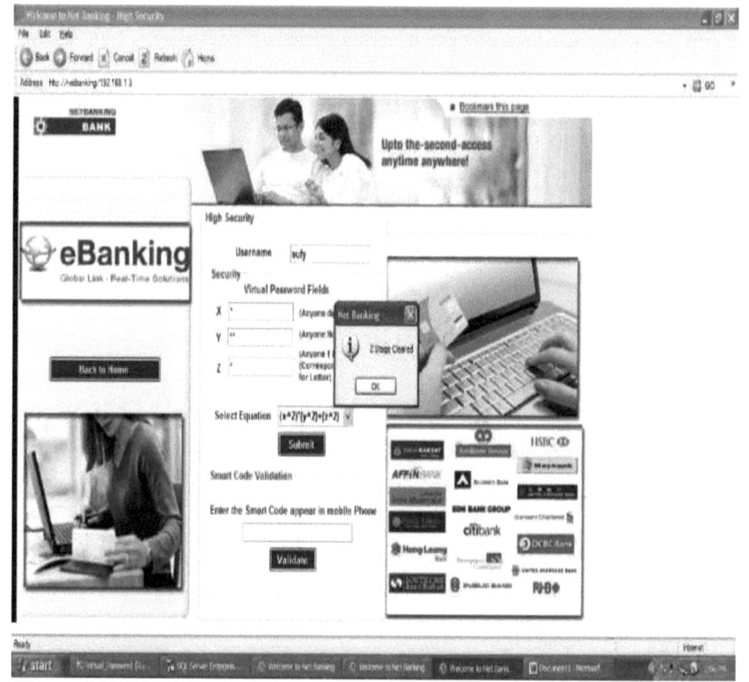

Figura: 11.2.11 Página de início de sessão de alta segurança (fase z desactivada)

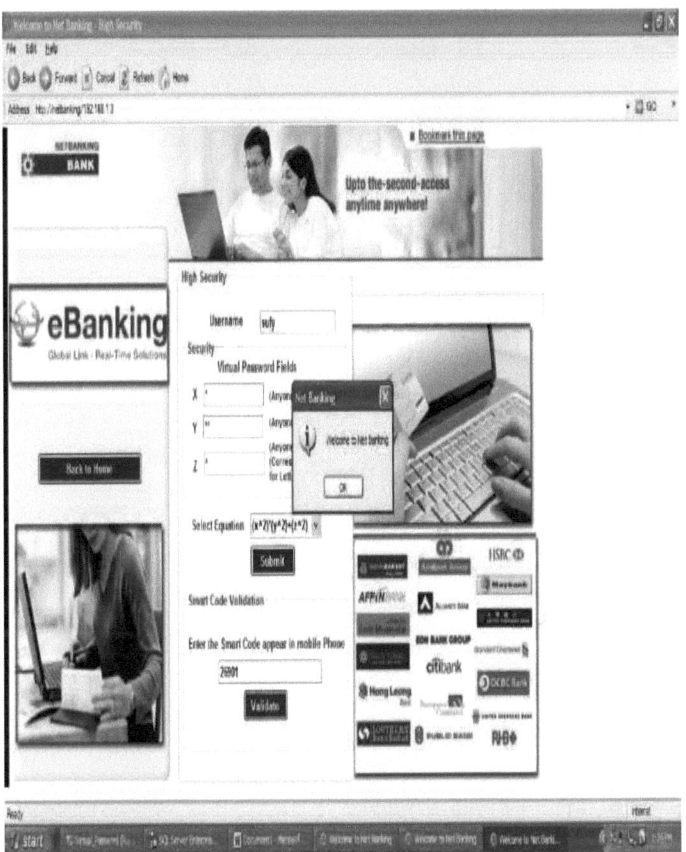

Figura: 11.2.12 Página de acesso de alta segurança

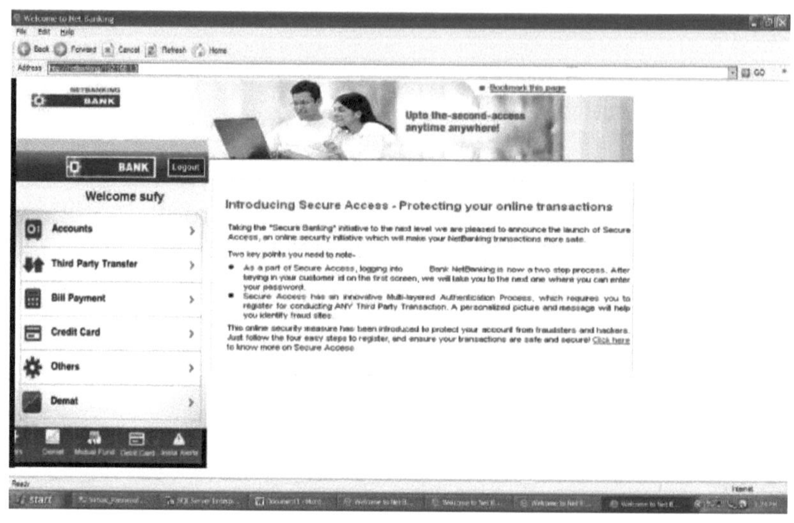

Figura: 11.2.13 Página inicial de alta segurança

REFERÊNCIAS

1. T. Dierks e C. Allen. O Protocolo TLS - Versão 1.0. IETF RFC 2246, janeiro de 1999.

2. B. Ross, C. Jackson, N. Miyake, D. Boneh, J. Mitchell, "Stronger Password Authentication Using Browser Extensions", Actas do 14.º Simpósio de Segurança USENIX.

3. E. Gaber, P. Gobbons, Y. Mattias, e A. Mayer, "How to make personalised web browsing simple, secure, and anonymous," Proceedings ofFinancial Crypto '97, volume 1318 of LNCS.Springer-Verlag, 1997.

4. E. Gabber, P. Gibbons, D. Kristol, Y. Matias, e A. Mayer, "On secure and pseudonymous user-relationships with multiple servers," ACM Transactions on Information and System Security, 2(4):390- 415, 1999.

5. E. Jung. Passwordmaker. http://passwordmaker.mozdev.org.

6. J.R. Levine, "A Flexible Method to Validate SMTP Senders in DNS", abril de 2004.

7. V. A. Brennen, "Cryptography Dictionary", vol. 2005, edição 1.0.0, 2004.

8. M. Abadi, L. Bharat e A. Marais, "System and method for generating unique passwords", US Patent 6,141,760, 1997.

9. M. Kuhn, "Teoria da probabilidade para carteiristas - adivinhação ec-PIN,".

10. C. Herley e D. Florencio, "How To Login From an Internet Cafe Without Worrying About Keyloggers," Proceedings of Symposium on Usable Privacy and Security (SOUPS) '06

11. M "OLLER, B. Pontos fracos do procedimento ec-PIN. Disponível em http://www.informatik.tu-darmstadt.de/TI/Mitarbeiter/moeller, Fev. 1997. manuscrito.

12. Herzberg e A. Gbara, "Trustbar: Protecting (even naive) Internet users from spoofing and phishing attacks", Cryptology ePrint Archive, Report 2004/155, 2004.

13. S. Wiedenbeck, J. Waters, L. Sobrado e J. Birget, "Design and evaluation of a shoulder-surfing resistant graphical password scheme", Proc. da conferência de trabalho sobre interfaces visuais avançadas, Veneza, Itália.

14. V. Roth, K. Richter, e R. Freidinger, "A PIN-entry method resilient against shoulder-surfing," Proc. of the 11th ACM Conferene on Computer and Communications Security, 2004,236-245.

15. G. Ateniese, K. Fu, M. Green e S. Hohenberger, "Improved Proxy Reencryption Schemes with Applications to Secure Distributed Storage", Actas do 12.º Simpósio Anual de Segurança de Redes e Sistemas Distribuídos, 2005.

16. G. T. Wilfong, "Method and apparatus for secure PIN entry", US Patent No.

5,940,511, United States Patent and Trademark Office, maio de 1997, cessionário: Lucent Technologies, Inc. (Murray Hill, NJ).

17. J. Mason, "Filtering Spam with SpamAssassin," Actas da Conferência Anual da HEANet, 2002.

18. M. Sahami, S. Dumais, D. Heckerman, e E. Horvitz, "A Bayesian Approach to Filtering Junk E-Mail. Horvitz, "A Bayesian Approach to Filtering Junk E-Mail.In Learning for Text Categorisation," The 1998 Workshop, maio de 1998

19. T.A. Meyer e B. Whateley, "SpamBayes: Effective Open Source Bayesian Email Classification System,".

LIVROS:

1. Alex Homer , **"Professional VB.NET 1.1"**, Edição 2004, WroxVPublications

2. Steven Holzner, **"Visual Basic.NET Black Book"**, edição de 2003, Dreamtech Publications

3. Roger S Pressman, **"Software Engineering"**, edição de 2000, Dreamtech Publications

4. Karli Watson, Richard Anderson, **"Professional ASP.NET 1.1"**, edição de 2004, Wrox Publications

WEBSITES:

1. www.msdn.microsoft.com

2. www.vbcity.com

3. www.vbdotnetheaven.com

4. www.codeguru.com

5. http://en.wikipedia.org/wiki/Phishing

6. http://www.antiphishing.org.

7. http://en.wikipedia.org/wiki/Key registador

8. http://www.eweek.com/article2/0,1895,1940623,00.asp

9. http://www.xs4all.nl/?jlpoutre/BoT/Javascript/PasswordComposer

10. http://www.citibank.co.jp/en/service/cap/virtualpad/

11. http://obr.typepad.com/financial news/2005/11/ing directadds.html

Índice

More
Books!

Printed by Books on Demand GmbH, Norderstedt / Germany